协同视野下依托课题
落实"双减"政策的研究

李文 主编

XIETONG SHIYEXIA YITUO KETI
LUOSHI "SHUANGJIAN" ZHENGCEDE YANJIU

知识产权出版社
全国百佳图书出版单位
—北京—

图书在版编目（CIP）数据

协同视野下依托课题落实"双减"政策的研究 / 李文主编 . —北京：知识产权出版社，2024.3

ISBN 978-7-5130-9273-9

Ⅰ.①协…　Ⅱ.①李…　Ⅲ.①义务教育—教育政策—研究—中国　Ⅳ.①G522.3

中国国家版本馆 CIP 数据核字（2024）第 030431 号

内容提要

2021 年，中共中央办公厅、国务院办公厅印发《关于进一步减轻义务教育阶段学生作业负担和校外培训负担的意见》（以下简称"'双减'政策"）。"双减"政策成为全社会关注的热点与重点。本书阐述了协同视野下依托课题落实"双减"政策的实施途径与策略，以及依托课题落实"双减"政策的研究成果。本书为北京市教育规划"双减"专项课题《依托教研组区校协同推动"双减"政策实施的行动研究》的研究成果。本书适用于中小学教师阅读参考。

责任编辑：曹婧文　　　　　　　　　　责任印制：孙婷婷

协同视野下依托课题落实"双减"政策的研究
李　文　主编

出版发行：知识产权出版社 有限责任公司		网　址：http://www.ipph.cn	
电　话：010-82004826		http://www.laichushu.com	
社　址：北京市海淀区气象路 50 号院		邮　编：100081	
责编电话：010-82000860 转 8763		责编邮箱：laichushu@cnipr.com	
发行电话：010-82000860 转 8101		发行传真：010-82000893	
印　刷：北京中献拓方科技发展有限公司		经　销：新华书店、各大网上书店及相关专业书店	
开　本：720mm×1000mm　1/16		印　张：18.75	
版　次：2024 年 3 月第 1 版		印　次：2024 年 3 月第 1 次印刷	
字　数：305 千字		定　价：88.00 元	

ISBN 978-7-5130-9273-9

编 委 会

序　言

2021 年 7 月，中共中央办公厅、国务院办公厅印发《关于进一步减轻义务教育阶段学生作业负担和校外培训负担的意见》（以下简称"'双减'❶政策"）。"双减"政策成为全社会关注的热点与重点，也是教育科学研究的研究重点。

教育科学研究是教育事业的重要组成部分，对教育改革发展具有重要的支撑、驱动和引领作用。北京市石景山区高度重视课题研究，为从科研角度梳理区域落实"双减"的课题研究，对 2021 年度与 2022 年度立项的市、区规划办课题进行整理统计，分析了 180 份课题文本以了解其研究领域、研究思路与研究成效等，最终撰写《课题研究视角下"双减"政策的区域落实》专项调研报告。

同时，在北京市教育规划"双减"专项课题"依托教研组区校协同推动'双减'政策实施的行动研究"引领下，石景山区在"双减"课题研究方面呈现出以下特点。

一是从协同理论的视角出发，为依托教研组课题推动"双减"政策的区域落实提供新的思路。区级科研部门，是以教研组课题为抓手推动"双减"政策区域落实的主要推进部门，在推动"双减"政策落地见效的过程中，教研组是学校教师课题研究开展的重要载体。区级科研部门以市—区—校三级联动为推进机制，对教研组课题进行选题、开题、中期检查、结题、成果转化的课题全过程指导，实现依托教研组课题落实"双减"政策，促进区域教育高质量发展。

二是研究主题聚焦"双减"关键问题与核心要素，为依托教研组课题推动"双减"政策的区域落实提供新的载体。通过对 2021—2022 年教师立项课题

---

❶ "双减"，指要有效减轻义务教育阶段学生过重作业负担和校外培训负担。

分析可以发现，教师研究聚焦"双减"政策落实，覆盖"三个主体"和"三条路径"共计六大研究领域。三个主体指的是跟"双减"政策密切相关的三类人，即学生、教师和家长；三条路径指的是"双减"政策落实的三个方面，即作业、课堂和课后服务。六大研究领域指的是优化作业设计、探索课后服务、提高课堂教学质量、促进学生发展、推动教师专业发展与关注家庭教育，与"三个主体"和"三条路径"相对应。

三是研究成果能转化、可应用，为依托教研组课题推动"双减"政策的区域落实提供新的经验。本书的研究成果，来源于市区规划课题研究的阶段性成果，均在市区层面优秀论文评选中获得专家认可的成果。通过对成果进行分析可以发现，学校教研组教师非常重视在实践层面开展课例或行动研究，探索"双减"政策落实的新路径和新方法，并能及时总结，促经验落实。同时，区级层面组织主题性研讨会：一类是成果分享会，旨在向全区推广、宣传优秀成果；一类是成果转化会，旨在探索研究成果落地的路径。这些有益的探索，最终形成既有理论高度又有实践深度的成果。

今后，我们将进一步优化教育科研机制，提高研究水平，以扎实研究深化课程改革；进一步培育研究成果，发现鲜活的实施案例，提炼示范性的实施经验；进一步探索成果转化路径，形成研究—推广—应用的链条，更好地服务课程落实落地。

北京教育学院石景山分院院长

李　文

2023 年 5 月

目 录

第三篇　协同视野下依托课题落实"双减"要求优化作业设计的研究

第一篇

协同视野下依托课题落实"双减"政策的实施途径与策略

协同视域下依托教研组课题
落实"双减"政策的区域探索

罗　敏　龙娟娟（北京教育学院石景山分院）

为贯彻落实"双减"政策，广大学校和教师围绕关键问题与核心要素开展课题研究，其中以教研组为载体开展课题研究是区域课题研究的重要特征，而依托教研组课题落实"双减"政策需要发挥区域研修部门和学校、教研组及教师的协同联动，实现互助与支持。

一、区域立项课题聚焦"双减"政策落实

通过对 2021—2022 年立项的 184 项市、区规划办课题进行数据与文本分析，发现有市级课题 18 项，区级课题 166 项，其中 180 项课题均在题目或研究内容上体现了落实"双减"政策。进一步分析发现，有 37 项课题从题目或关键词直接体现"双减"政策，占比 20.56%；有 143 项课题的研究目的、研究内容等旨在落实"双减"要求，占比 79.44%。进一步分析发现，2021—2022 年教师立项课题研究领域主要集中在优化作业设计、提高课后服务水平、提高课堂教学质量、促进学生发展、推动教师专业发展与关注家庭教育六大领域。

（一）关注学生主体，优化作业设计

"双减"政策强调"提高作业设计质量""鼓励布置分层、弹性和个性化

作业"。分析发现2021—2022年有27项课题研究聚焦"作业设计",在研究内容上重点从个性化分层作业设置、创新作业形式等方面进行了大量实践。

(1)关注学生差异,分层分类设计作业。在分层分类作业设计中,教师以学生年龄特征、现有知识储备等为依据进行作业纵向分层,再从作业内容、作业难度等方面进行作业设计,具体有以下三种方式:一是对学科知识进行整合,依据单元教学目标进行分层作业设计;二是从课程类型、知识领域出发进行分层作业设计;三是从作业类型上体现分层设计。

(2)设置个性化作业,创新作业形式。从研究内容看,除聚焦分层分类作业设计,还关注作业形式,探索了菜单式作业、项目式作业、多模态作业等作业类型。

(二)提高课后服务水平

"双减"政策提出要"提高课后服务质量",立项的3项课题主要在建设课后服务机制、探索课后服务形式与课后服务课程化上进行了实践探索。

(1)建设课后服务机制。课后服务机制建设对提高课后服务质量具有重要意义,教师在调研的基础上,探索小学课后服务活动的目标、内容、方式及效果,形成"双减"背景下小学课后服务的体制机制,以达成落实"双减"政策要求的目的。

(2)探索课后服务形式。"双减"政策要求学校提升课后服务水平,满足学生多样化需求。为此,教师在调研的基础上,可利用校内教师资源,提供可供学生选择的菜单式课后服务,以及供选择的至少12门课程,促进学校课后服务水平整体提升。

(3)探索课后服务课程化。教师在调研区域43所学校《课后服务方案》的基础上,以课题为载体引导学校基于整体育人进行课后服务体系的整体建构。

（三）提高课堂教学质量

1. 着眼学科前沿，促进课堂提质增效

提升课堂教学质量是"双减"政策关注的重点。分析发现，2021—2022 年共有 98 项课题聚焦提高课堂教学质量，其研究关注点多为课标要求或理论指导下开展教学实践，也有的聚焦课程建设促进提质增效。

第一，大概念或大观念引领下的教学实践。教师多以现状调查为基础，在学科大概念或大观念统领下，整合教材内容形成单元主题，并立足主题特点选择相应的教学方式，以达成提升教学质量的目的。

第二，以理论为指导开展教学实践。教师在理论关照下开展课题研究，如有的教师在项目学习理论指导下，以"项目实验"为载体，构建真实化学问题情境培养学生化学核心素养。

第三，聚焦课程建设，提高教学质量。课程建设是促进学校特色建设的重要支撑。具体来看，体现在教师着眼体育、信息技术等学科进行课程开发，以信息技术学科为例，通过开发校本课程，探索小学人工智能课程的基本内容、实施方法与评价方式。

2. 现代信息技术支持下的课堂教学变革

有教师聚焦中小学融合课堂的教学变革，探索在信息技术加持下中小学课堂多种学习路径的深度融合，将研究着眼于融合课堂内涵特质、支持系统及教学评价方式上。

3. 教学评价创新

分析发现，教师在大数据背景下以增值评价为抓手，开展高中化学教学评价创新研究，系统建构区域增值评价模型，并在实践中不断优化，助力减负增效。

（四）促进学生发展

分析发现，2021—2022 年共有 41 项课题聚焦学生发展，在研究过程中教师坚持素养导向或能力导向，针对学科核心素养发展或具体领域能力发展开展课题研究，研究思路多为借助问卷或量表对学生的学科素养或关键能力进行分析，并研制符合学校和学生实际的评价标准，兼顾标准与学生现状制定相关教学策略，并通过数据分析的方式去验证学生素养或能力的发展。

（五）关注教师能力提升，推动教师专业发展

教师是"双减"政策的实施主体和执行主体。分析发现，2021—2022 年共有 7 项课题关注教师专业发展。在研究中，教师以理论为指导、依托校本培训等提升教师能力。例如，有教师以骨干教师为研究对象，以提升其"双减"政策实施能力为研究目标，通过行动研究思路探索骨干教师实施能力提升策略。

（六）重视家校协作，关注家庭教育

"双减"政策提出要"有效缓解家长焦虑情绪""密切家校沟通，创新协同方式，推进协同育人共同体建设"。分析发现，2021—2022 年共有 4 项课题以家校协作为切入点开展课题研究，其中 2 项课题聚焦小学学段，2 项课题为跨学段研究。具体来看教师们的研究探索主要有以下三类：一是利用调查分析家庭教育现状与家庭教育指导的实际需求，以家长课程建设为突破口实现家校协作，促进学生发展；二是通过调查了解小学高年级家长教育的焦虑现状，并对其进行归因分析进而提出对策与建议；三是调研家庭教育的困惑与家长对家庭教育指导的实际需求，从而构建体验式、讲授式等多种途径的新家庭教育指导体系，以"双减"政策为核心，通过区—校、校—家的二级培训机制，实现区域内家庭教育技能全覆盖，从家庭教育的角度为"双减"政策有效落实提供保障。

深入分析区域立项课题发现，课题研究覆盖了各个学段，包括了多个学科，聚焦"双减"政策重点领域展开了积极探索，同时在研究过程中多以学科教研组为单位开展课题研究，也有部分课题研究实现了跨学科的多个教研组联合开展。

二、协同视域下依托教研组课题落实"双减"政策的必要性

以课题研究为抓手，推动"双减"政策区域落实是一项复杂的系统工程，既涉及区域科研部门与学校的统筹协调，也涉及教研组课题研究关注点与学校整体发展的协调一致，还涉及教研组内部人员的相互配合，只有协调好这些关系才能实现以教研组课题为载体支撑"双减"政策落地见效的目的。因此，从协同理论的视角出发，能够为依托教研组课题推动"双减"政策区域落实提供新的思路。

协同理论是由德国物理学家赫尔曼·哈肯于 20 世纪 70 年代提出的，主要研究与稳态偏离的开放系统，通过自身子系统的协同作用，最终实现有序的过程❶，在教育、管理等社会科学研究领域被广泛运用。依托教研组课题落实"双减"政策面临学校内部与外部的环境变化，研究领域与过程复杂多元，还涉及行政部门、研修部门、学校、教师等多个主体。因此，将协同理论引入依托教研组课题落实"双减"政策的区域探索中，有助于协同各方资源，形成协同效应，发挥教育合力。

协同理论指出，系统是否能够发挥协同效应取决于系统内部各子系统的协同作用，如果各子系统能协同合作，系统的整体功能就能得到最大程度的发挥❷。因此，依托教研组课题落实"双减"政策区域探索，需要满足以下条件：一是推动"双减"政策的区域落实是一个复杂开放的系统，其涉及领域多元、

---

❶ 哈肯.协同学：大自然构成的奥秘 [M].凌复华，译.上海：上海译文出版社，2013.

❷ 王起友，张东洁，贾立平.协同理论视角下的大学生思想政治教育创新研究 [J].学校党建与思想教育，2013（10）：13-14.

主体多样，需要在区域内部实现目标、主体、内容、路径等多个向度之间的统筹联动；二是以教研组课题作为落实"双减"政策的载体，其实施涉及区域研修部门、学校、教研组、教师等多个主体，需要多方协同，整合优质教育资源，促进教学质量提升。因此，依托教研组课题落实"双减"政策需要协同调动各方资源，构建起目标一致、步调一致的协同配合机制。

三、协同视域下依托教研组课题落实"双减"政策的推进策略

（一）目标协同：课题研究以促进教育教学提质增效为旨归，助推"双减"政策区域落实

"双减"政策提出"着眼建设高质量教育体系，强化学校教育主阵地作用"，可见学校在落实"双减"政策中的重要作用。教研组是学校以学科为单位，开展教学活动的重要组织，也是学科教师开展课题研究的重要载体。因此，在推动"双减"政策区域落实的实践探索中，要重视教研组研究载体功效的发挥，帮助教研组课题在制定研究目标时实现学校发展诉求与区域整体发展需求的统一。一方面，在区域科研部门对教研组课题进行全过程指导中，首先着眼区域落实"双减"政策的整体规划，引导教师关注区域教育发展。具体来看，第一，关注区域教育规划对各个学校、学科的整体部署；第二，关注区域教育发展的特色与优势、重点与难点问题。另一方面，区域科研部门还要聚焦学校落实"双减"政策的整体要求，引导教师将学科教学与学校整体发展统一起来。具体来看，第一，要关注学校对各学科、各教研组的整体安排；第二，要关注学校落实"双减"政策的创新举措；第三，要关注学科教学在落实"双减"政策中可深入探索的内容。基于此，以教研组课题为研究载体将"学校教育教学质量和服务水平进一步提升"与"区域教育高质量发展"协同统一，共同推动"双减"政策的区域落实。

（二）主体协同：实现区域科研部门与学校教研组协同配合，以课题研究为抓手推动"双减"政策落地

推动"双减"政策区域落实工作的复杂性与系统性决定了以教研组课题为载体落实"双减"政策需要凝聚多方共识，加强各主体间的协同配合，在相互配合中发挥合力。第一，区域科研部门在以教研组课题为载体推动"双减"政策区域落实的过程中承担起专业支撑的作用。区域科研部门是区域课题研究推进的主要负责部门，承担着课题研究理论指导与实践支撑的重要角色，在以课题研究落实"双减"政策的实践中，区域科研部门重视与学校、教研组、教师多个主体之间建立起互联互动的稳定关系，定期举行开题论证、带题授课研讨等，以此提高课题研究过程的规范性与成果的影响力。第二，区域科研部门重视与科研主任的协调沟通，形成区校合力。区域科研部门重视发挥各学校科研主任的桥梁作用，不定期开展科研主任交流会、科研主任沙龙，了解学校课题的研究进展与研究成效，以科研主任为纽带推动教师了解区域科研规划。第三，区域科研部门也要重视与教研组教师之间的深度配合。教研组是课题研究开展的重要组织，教师是课题的主要承担人，为此区域科研部门要重视教研组教师的课题研究需求，针对不同发展阶段的教师开展科研培训，进行课题研究的全过程指导，并通过师带徒活动、成立区级指导教师团队对教师进行个性化专业指导，提高教师研究能力，帮助教师梳理、提炼研究成果。

（三）内容协同：围绕提高课堂教学质量、优化作业设计、提高课后服务质量等开展课题研究，实现教学质量提质增效

以教研课题为切入点，推动"双减"政策落实，旨在发挥教育科学研究对教育教学改革的支撑、引领和驱动作用。因此，引导教师关注"双减"政策开展课题研究，是推动"双减"政策落地见效的重要途径。"双减"政策从优化作业设计、提高课后服务质量、提高课堂教学质量三个方面对学校教育提出了要求，通过对区域立项课题从数据与文本进行深入分析后发现，教师们围绕

这三个方面开展了丰富的实践探索，也取得了一些成绩，但研究的广度与深度还需要进一步拓展。区域科研部门作为区域课题研究的管理者、指导者，在以教研组课题为抓手推动“双减”政策落实的实践探索中，重视引导教师围绕“双减”政策的具体要求拓宽研究领域，围绕重难点问题进行纵向深入的研究，实现教学质量提质增效。

（四）路径协同：构建以教研组课题为载体，落实“双减”政策的协同配合机制

“双减”政策见效于各方主体的深度执行与落实。因此，以教研组课题为载体推动“双减”政策区域落实，需要在目标统一、主体协同、内容一致的基础上，构建起一体化的实施策略与保障体系。为此，区域科研部门充分发挥纽带作用，搭建了市—区—校三级联动协同支持体系。一方面，根据学校课题研究需求，区域科研部门对学校课题进行专业指导；另一方面，区域科研部门帮助教研组课题凝练研究成果，并对优秀成果进行指导与展示，推动研究成果的进一步完善，提高成果影响力。另外，区域科研部门还充分发挥区域课题指导的主体作用，构建区域—学校—教研组支持体系。一方面，为学校提供关于课题研究的“培训菜单”，学校可以结合需求，选择培训内容；另一方面，教研组教师可以针对研究困惑，邀请区域研修部门人员进行个别化指导。

协同视野下学校依托教研组课题落实"双减"政策的实施途径

邓　晶（北京大学附属小学石景山学校）

"双减"政策是中小学校共同关注与研究的重要主题，也是共同面对的关键问题。学校是落实"双减"政策的主阵地，学校"双减"政策实施的路径、策略等都需要进行探索与实践，而教研组是教师直接面对的、关系最密切的专业组织。在"双减"政策实施中应成为最基础、最关键的组织单位。我们确定依托教研组区校协同推动"双减"政策实施，探索区校协同在教研组层面推动"双减"政策实施的基本途径。

那么，学校现有教研组课题的现状如何？协同理论引入教研组课题落实"双减"政策是否可行？协同视野下学校推进教研组课题落实"双减"政策的途径是什么呢？效果如何呢？本研究主要探讨以上三个问题。

一、学校现有课题立项特征

以北京大学附属小学石景山学校（以下简称"石景山学校"）为例，该校现有课题 24 项，其中市级课题 8 个，区级课题 16 个。按照课题研究内容分类发现：关于课堂教学和政策热点的课题占所有课题的 75%。其中有些关键的热点词都契合了"双减"的相关政策。

二、协同理论在教研组课题落实"双减"政策中的应用

教研组课题落实"双减"政策与协同理论具有高度的契合性，以协同理论

为依据研究教研组课题落实"双减"政策，具有极强的科学性与可行性。协同理论是由德国著名理论物理学家赫尔曼·哈肯创立的，被誉为"协调合作之学"，是系统科学的重要分支理论。[1]协同效应重在关注和研究复杂系统内部各子系统的协同性，使复杂系统内各个系统之间的互动产生超出各要素单独作用的效果，并形成整个系统的耦合行为，产生"1+1>2"的协同效用，从而使系统运行达到最佳状态。

协同理论具有普适性和开放性的特征，自 20 世纪 70 年代创立至今，已被广泛应用到众多领域中。协同理论与教研组课题落实"双减"政策相结合，为我们认识和研究这一问题提供新的思维模式和理论视角。学校构建教研组课题落实"双减"政策的途径应从横向与纵向两个层面创新发展。横向方面，打破学科学校壁垒，整合学科间、学校间的资源，发挥系统合力来提升整体研究效果；纵向方面，构建区域、学校、教研组、教师"四位一体"的"共同体"。从机制协同、培训协同、资源协同几个方面，推进教研组课题的落实"双减"政策向纵深发展。

三、协同视野下学校推进教研组课题落实"双减"政策的实施途径

（一）纵向协同

1.机制协同：构建管理体系，保障教研组课题工作顺利开展

"双减"政策主要从课堂提质增效、作业设计、课后管理三个方面进行落实。关于这三个方面文件中没有细则，因此，国家的宏观政策层面和地方的实施政策层面应协同起来。地方部门协同学校要认真学习文件内容制定相关实

---

[1] 蔡小葵.运用协同理论探索大学生思想政治教育中的协同机制 [J].内蒙古师范大学学报（教育科学版），2013（11）：66.

施细则，保证"双减"政策实施落地。

2022 年 8 月 27 日北京市教委根据"双减"政策召开全市校长工作部署会。石景山学校领导对会议精神解读后，于 8 月 30 日召开全体教师工作落实部署会，以"双减"工作精神及落实要求为核心，开展全体教师培训，及时调整开学教育教学工作，规范教育教学秩序，统筹作业管理，探索评价改革，按要求做好课后服务，落实五项管理规定，进行全面部署。

各个教研组针对本组开展的课题研究内容具体研讨了"双减"工作落实细节。例如：语文、数学、英语学科研讨作业实施方案，分层留作业；统筹每天的作业总量及时间；体育学科主要围绕如何增强学生体质，保证学生每天一节体育课和每天至少 1 小时体育锻炼展开研讨。

在此基础上，石景山学校构建教研组课题管理体系，保障教研组课题工作顺利开展。对课题进行动态管理，编制了《教研组课题管理工作制度》《教研组课题培训校本资料》等。

2. 培训协同：加强课题培训，精准提供研究的过程性指导

在协同理论的指导下，石景山学校不断搭建教师成长阶梯，创新教师培训方式，设计了教研组课题培训"双循环"的模式。校内培训形成小循环，分为新教师入职培训、青年教师提升培训、骨干教师培训、卓越教师培训和特级教师培训，有领航的"特级教师工作室""名师工作室"等培养项目。校外培训形成大循环，由教材主编、高校教授、区教研员、市教研员、科研专家等进行引领指导，协同一切力量，发挥引、促、帮、带作用，为教研组课题的研究提供精准的过程性指导。

3. 资源协同：整合内外资源，搭建多样化的课题研究平台

（1）整合市级资源，搭建教研组课题研究平台。石景山学校积极对接高校专家，打造"立体式"课题研究共同体。"U-G-S"模式是一种基于师范学校、地方政府、中小学校三方合作的教师教育模式，旨在发挥高校理性智慧，促进多方主体的协同发展。其一，石景山学校作为高校的教育实践基地，以参与者的身份投入高校教师的课题研究活动中。例如，2018年学校加入了北京教育学院的"协同创新"计划，成为实验学校。切合教研组课题，数学学科进行了《小学数学综合实践活动教学素材开发与实施》的研究。其二，学校邀请高校专家走进一线学校，在中小学举办课题研究专题讲座。通过与一线教师的深入交流，指导一线教师的课题研究活动，帮助教师解决课题研究难题。其三，学校为教师提供学习深造的机会，如鼓励本校教师积极参与高校开设的教师研修会等活动，在研修交流中学习研究知识、习得研究技能。

（2）整合区级资源，搭建教研组课题研究平台。协同区域资源，石景山学校每年都会参加区里组织的教育教学研讨月活动。区里给学校的教研组课题搭建了展示平台。近五年学校教师参与区带题授课活动，开题展示18次，中期展示11次，结题展示8次。每次带题授课活动由区里的科研员、教研员及各个学校的科研主任组成指导团队，下校参加活动进行指导。例如，W老师的《基于军营体验的少年儿童理想信念教育的实践研究》课题在研究过程中，协同了军区优质资源，开展了少年儿童走进军营真体验、了解军队文化、创编军营游戏等活动，从而提高了少年儿童的政治思想意识，更加坚定了他们对社会主义、共产主义的理想信念。

（3）整合校级资源，搭建教研组课题研究平台。在校内，石景山学校遵循"先富帮后富"的发展原则，建立传帮带式的课题研究共同体。❶鉴于教师间的研究水平存在落差，学校应该充分利用教师合作的重要力量，以推动课题研究在中小学教师队伍的整体发展。学校充分挖掘利用校内资源，通过老带新的帮扶方式，在学校教师内部组建研究共同体。在具体设计课题研究共同体的过程中，考虑了以下几点：①课题研究能手的选择。学校要明确课题研究能手的评价标准，从教师群体中挑选出合适的人选，以为教师的课题研究活动提供相对成熟的经验与帮助。②研究共同体的成员构成。为保障合作交流的高效化，

❶ 佐藤学.学校的挑战：创建学习共同体[M].钟启泉，译.上海：华东师范大学出版社，2010.

学校要合理调整人员构成，按照"1 位课题研究能手 +X 位教师"的定向帮扶形式，建立短期的课题研究小团队。

（二）横向协同

1. 跨学科协同

"双减"政策指出：提升课堂教学质量，学校不得随意增减课时、提高难度、加快进度。如何在不随意增减课时的基础上提高教学质量？开展跨学科研究就是一个很好的方式。石景山学校在组建课题研究团队时打破了教师学科的界限。以《基于文化理解与传承的小学古诗项目化学习设计研究》课题为例，教师和学生在开展以《西游记》为主题的项目式学习活动中，语文、数学、美术、信息等相关学科教师参与其中。在《西游记》名著阅读项目式学习中，以设计《西游记》文创产品为驱动任务，经历"阅读—项目分析—方案设计—作品创意"等过程。

这样的研究关联了学科、知识、技能与思维间的联系，更近似学生在现实生活中遇到的真实问题或困难，提高了学生解决问题的能力和合作交流能力。在课题研究过程中也横向贯通了不同学科教师之间的互动研究。

2. 跨校间协同

"双减"政策指出：积极推进幼小科学衔接，帮助学生做好入学准备，严格按课程标准零起点教学，做到应教尽教，确保学生达到国家规定的学业质量标准。为此，石景山学校协同学校之间共同开展教研组课题研究，如协同军区幼儿园在一年级开展"幼小衔接"课题的研究。军区幼儿园的学生走进石景山学校参观校园、教室，提前感受小学生活。与此同时，石景山学校还协同北京大学附属中学开展"小初课题"的研究。教师之间互相交流、互相听课，同时北京大学附属中学学生走进石景山学校讲授初中的学习和生活。其主要目的是让孩子们顺利实现"小升初"过渡，在心理上和学习上提前做好准备。所以说，跨校间的协同教研组课题研究是非常必要的。这样的研究是扎扎实实的，也让孩子们实现了不同阶段的平稳过渡。

四、学校推进教研组课题落实"双减"政策的效果

通过两年实践研究，石景山学校依托教研组课题落实"双减"政策取得了显著的效果。

（一）学生的综合素养得到提升

伴随着教研组各项课题研究不断深入，学生的研究能力、创新能力、合作能力、语言表达能力等多方面能力不断提升，发展了学生的综合素养。近两年来石景山学校学生获得北京市青少年科技创新大赛 19 项奖项，北京市科技金鹏论坛 15 项奖项，北京市科学建言 20 余项奖项等。

（二）教师的研究能力不断增强

2022 年石景山学校新立项市级课题 1 个，区级课题 7 个。申报课题的总数和申报课题的级别都有所提升。从中也能看出教师的科研意识不断增强，学校的科研工作质量稳步提升。

近两年在北京市入职一年新教师的"启航杯"比赛中，石景山学校共有 5 名教师参加，2 人获得市级一等奖，1 人获得市级二等奖，1 人获得市级三等奖，1 人获得区级一等奖。

（三）学校将成为具有特色的研究型学校

随着教研组课题不断深入，开展研究在石景山学校已经成为一种常态。在市区校协同研究的基础上，2022 年石景山学校参加了北京市研究型学校的市级

汇报。会上专家点评：石景山学校研究注重研究过程，对学校发展有整体性的思考，学校管理逐渐优化，日常性研究广泛开展，真正落位于教育教学中，正在落实"双减"政策。

总之，国家"双减"政策实施需要教师真正落实于日常教学行为之中，教研组课题对于"双减"政策实施的探索则为这种日常教学落实提供了研究基础，而区校协同为教研组课题"双减"政策实施探索提供了组织上、专业上的支持，依托教研组课题区校协同推动"双减"政策实施模式为国家"双减"政策落实提供了可行的路径。

基于核心素养培养的
小学课堂教学改进策略研究

何　云（北京市石景山区古城第二小学分校）

　　课堂是学校落实立德树人任务、培养学生核心素养的主阵地，为了更好地发挥其育人功能，就要推动课堂生态的改变，提升课堂效能，确保减负不减质。本文主要探究小学课堂教学中培养学生核心素养的必要性，厘清基于核心素养的小学课堂基本体征，并以此为依据，结合北京市石景山区古城第二小学分校（以下简称"古城第二小学分校"）实际情况，初步构建基于核心素养培养的课堂改进策略。

一、小学课堂教学中培养核心素养的必要性

（一）教育改革的需要

　　2016 年 9 月，《中国学生发展核心素养》总体框架正式发布。学生发展核心素养，主要指学生应具备的，能够适应终身发展和社会发展需要的必备品格和关键能力[1]。核心素养培养的教学由关注教师的"教"转向关注学生的"学"，关注学生的学习过程与实际获得。研究学生发展核心素养是落实立德树人根本任务的一项重要举措，也是适应世界教育改革发展趋势、提升我国教育国际竞

---

[1] 教育部. 中国学生发展核心素养 [EB/OL].（2016-09-14）[2023-01-13]. http：//www.scio.gov.cn/37236/37262/Document/1602754/1602754.htm.

争力的迫切需要。核心素养成为中小学教育教学研讨的主题词。那么，如何在课堂中落实学生核心素养培养，基于核心素养培养的小学课堂教学应该是怎样的？具有哪些基本特征？这些成为当前学校课堂教学改革与研究的重要问题。

（二）学校发展的需要

为使核心素养在小学课堂中落地，亟须探讨小学课堂教学现状及其存在的问题，更好推进高效课堂的顺利开展。通过对古城第二小学分校33名专任教师、3~5年级（学校当时还没有6年级学生）学生为对象的访谈调查的形式，分析学校人才培养现状和问题，为基于核心素养培养的教师教学改进研究与推动策略作准备。通过调研发现，有近1/3的教师对核心素养相关内容不甚了解。但是经过访谈，全部教师都愿意主动对自己的教学进行相应的改进，但对核心素养培养的课堂教学特征不清楚，教师在落实基于核心素养的学科课程标准时，往往不能准确分析学情，课堂教学模式缺少活力，教学目标和教学内容制定不够科学合理，致使在培养学生的核心素养时缺乏成效等。

二、基于核心素养培养的小学课堂教学基本特征

为了更好地在小学课堂中落实核心素养，古城第二小学分校经过反复研讨根据学生和教师的实际状况，将我国学生发展核心素养的必备品格和关键能力培养具体化，阐释了基于核心素养培养的小学课堂教学基本特征。其中，学生必备品格包括"主动、自主、认真、投入、自信、尊重"六个方面，学生关键能力包括"阅读、书写、思维、表达、合作、创新"六个方面。我们分别从学生学习表现和教师教学表现两个方面描述了课堂特征（见表1）。

同时，古城第二小学分校根据各个学科的核心素养要求，又探索研究了"基于学科核心素养培养的小学课堂教学基本特征"，在这个过程中，教研组教师反复阅读与揣摩学科核心素养培养要求，查阅大量文献、结合自身经历体验和理

表1　基于核心素养培养的小学课堂教学基本特征

核心素养	学生课堂学习特征	教师课堂教学特征
必备品格	主动：有较强的求知欲，积极主动参与学习	以学生为主体，促进主动学习
	自主：自觉进行学习，合理安排学习进程	设计整体性学习任务，促进自主
	认真：认真听老师讲课，认真完成学习任务	引导学生专注认真、做事负责任
	投入：用心专注，有兴趣，学习情绪饱满	学习符合学生基础，有吸引力
	自信：勇于表达自己的想法，对自己充满自信	鼓励与肯定学生表达自己想法
	尊重：尊重老师和同学，友善、倾听、讲礼节	引导学生学会尊重、融洽关系
关键能力	阅读：能够自主阅读和准确理解文本内容	合理安排阅读性的学习任务
	书写：能够正确、美观和以一定速度进行书写	布置学生书写任务，给予指导
	思维：能够有依据、有条理和有深度地思维	引导学生思考探究，点拨提升
	表达：能够准确、流利和有情感地进行表达	给予学生表达机会，倾听回应
	合作：能够与同学合作讨论交流、解决问题	对主要内容安排合作学习任务
	创新：能够提出创新性见解，产生创新性作品	问题、任务有开放性，鼓励创新

解，然后集中教研组力量在专家指导下根据学科特点、学科核心素养和我校学生、教师实际状况提炼了各个学科核心素养培养的课堂教学特征。以语文学科为例，语文学科核心素养是一种以语文能力为核心的综合素养，主要包括"语言建构与运用""思维发展与提升""审美鉴赏与创造""文化传承与理解"四个方面。关于"语言建构与运用"从听、说、读、写四个方面表述课堂教与学特征；关于"思维发展与提升"从体验性、想象性、反思性、独特性、批判性、概括性、逻辑性七个方面表述课堂教与学特征；关于"审美鉴赏与创造"从感受美、鉴赏美、创造美三个方面表述课堂教与学特征；关于"文化传承与理解"从文化传承和文化理解两个方面阐述课堂教与学特征。

三、基于核心素养培养的小学教师课堂教学改进策略

在明确基于核心素养的小学课堂基本特征后，以此为依据，结合本校实际情况，古城第二小学分校初步构建基于核心素养培养的课堂改进策略。

（一）关注学生核心素养和实际获得

在课程实施过程中，教师要始终牢记课堂是学生的课堂，努力培养学生的核心素养和学科核心素养，关注学生在课堂教学中的实际获得。课堂教学要围绕学生最近发展区展开，科学合理设计教学内容，采用促进学生行动、思考、情感体验的教学方式，使学生在课堂学习中真正有所获得，在核心素养、学科核心素养方面有所提高。如古城第二小学分校探究"问题驱动"模式，提升学生核心素养。各学科以提出问题作为学习的起点，以解决问题作为学习的目标，以知识习得作为问题解决过程中的自然生成成果。教师对学生的每步学习都有组织、时间、空间的保障，确保问题的解决，保障课堂的"提质增效"和学生的实际获得。

（二）利用生活素材和学生已有经验

在教学设计与实施过程中，挖掘和利用与教学内容相关的生活元素，了解学生已有的相关经验，联系学生实际生活开展教学，以此提高学生的知识理解与运用能力。古城第二小学分校课程实施注重加强与生活的联系，关注学生当下的生活、情感状态、已有的认知经验，力图通过课程学习促使学生运用知识理解和解释生活中的现象，解决生活中遇到的问题，在已有认知经验和水平的基础上拓展知识、提高能力，形成自己的认知结构。例如，古城第二小学分校将生活教育理念"生活中学习 会生活 爱生活"贯彻在语文课程中。比如利用中华民族传统节日，对学生进行传统文化教育。在春节、端午节、中秋节来临之际，教师引导学生自主了解节日相关的知识和常识，指导学生在了解的基础上整理资料，以小组为单位在班内进行交流、展示，进而在全校开展活动，增加学习的趣味性。学生从查询资料到实践体验，亲身感受到中华民族特有的风情，既提升了学生学习语文的兴趣，也加强了他们对传统文化的感情。可以说，这样的语文课堂生机盎然，这样的文化传承意义深远。

（三）注重学生思维能力培养

古城第二小学分校在课程教学中,注重学生思维能力的培养,创设问题情境,引发学生思考,给学生留出思考的时间和空间,促使学生独立思考,培养学生的思维能力,通过动手操作、体验探究等培养学生的创新性思维。例如,古城第二小学分校探究"主题项目式教学"模式,以全面提升学生的思维能力。项目式学习注重的是培养学生核心素养的跨学科实践性课程,学习的目的重要的是提高核心素养,创造知识和解决实际问题,而不是单纯的拥有知识。要改变传统的教学模式,让教师从单纯的知识传递者变为学生学习的促进者、组织者和指导者。让学生发挥主观能动性,充分体现学生的主体地位和思维发展。

（四）重视情境教学和学生体验

在教学实施过程中,结合实际创设教学情境,引导学生在情境中体验和理解,激发学生的认知兴趣和创造热情。情境的创设旨在引发学生的探究欲望,促使学生思考,并促使学生意识到情境的复杂性和多变性。以学生为主体,促使学生体验学习的过程,做中学,在体验中促使学生经验的改造或改造,真正促使知识成为学生自己的知识。例如,生活实践作业:"学习《养花》后,让学生利用业余时间种植一盆花、一棵树。"让学生观察植物发芽、开花、结果的成长过程;观察它们在不同天气、不同季节中的不同情况;还要查找一些相关的资料,向行家请教种植的有关知识;把种植过程中的酸甜苦辣、喜怒哀乐记下来。

（五）师生充分互动形成学习共同体

在教学实施过程中,师生应充分沟通、相互理解、亲密协作,教师真正以学生为主体,充分发挥引导作用,师生为达成教学目标共同努力。在学习过程中,师生应建立一种平等对话交流的关系,教师作为指导者和启发者,应引导学生思考，启发学生思维。同时，学生与学生之间应合作探究，互相讨论，互助协作，激励督促。教师与学生、学生与学生之间在讨论、探究、合作中形成学习共同体。例如，古城第二小学分校转变教师"一言堂"的课堂模式，强调学生的"自主·合作·探究·分享"。通过变教为学，强调学生的主体地位。学生在享有成长权、选择权、表达权、展示权等权利的过程中，真正享有积极的课堂生活。

（六）积极导向传递生活正能量

在教学实施过程中，教师要时刻注意自己的言行举止，以亲和、关切、正向的态度引导学生开展学习活动，在教学过程中渗透和传递正面的人生观和价值观。教师不仅是学生学习的指导者，也是学生道德发展和情感培养的促进者，师生之间应关系融洽，情感亲近。

四、结语

课堂是实现立德树人任务、培养学生核心素养的主要场所，为了更好地实现教育目标，必须推进课堂生态的转型，提升课堂效率，确保在减负的情况下不降低教育质量。基于此，本文梳理核心素养的小学课堂特征，初步构建基于核心素养培养的课堂改进策略，希望对其他学校具有一定的借鉴意义。

"双减"背景下发挥教研组功效
提升教学实效性的策略研究

赵　丹　王　芳（北京市石景山区银河小学）

一、问题的提出

"双减"政策开篇即提出：坚持以习近平新时代中国特色社会主义思想为指导，全面贯彻党的教育方针，落实立德树人根本任务，着眼建设高质量教育体系，强化学校教育主阵地作用，深化校外培训机构治理，构建教育良好生态，促进学生全面发展、健康成长。

"双减"明确了推进"双减"工作的基本思路：源头治理，要充分发挥学校主阵地作用，坚持应教尽教，着力提高教学质量、作业管理水平和课后服务水平，让学生学习更好回归校园。

北京石景山区银河小学教师深刻领会"双减"的重要性，把减轻学生作业负担和全面提高教育教学质量作为工作根本，如何借助教研组研讨活动提升教学实效，促进学生全面发展和健康成长是我们急需解决的问题。

二、解决问题的方法

（1）学习政策悟精神。召开专题工作会，各教研组集体学习相关文件，深入领会"双减"文件精神并进行专项教研。过程中教师们畅谈自己对会议精神的理解，为上好"双减第一课"做好准备。

（2）精心教研求进步。"双减"政策下，教研组力求在学科教学水平上有所突破，在教学方法上有所创新。各教研组积极参加区校组研讨活动，通过

"课前研讨交流形成初案—集体研讨形成共案—个人修改形成个性预案—环节剖析",最终形成精案。

（3）集智备课求创新。教师利用"半天无课日"进行教研组集体备课,力求教学技能、教学方法上的创新。

（4）创新作业分层次。为落实"双减"工作,各教研组教师根据学生需求不同、作业层次不同,针对学生个性特点和差异,针对同一教学内容设计不同形式的作业。把选择权交给学生,根据学生的不同兴趣爱好,让学生选择合适自己的作业。

（5）学科融合重素养。为助推"双减"政策落地,实现跨学科融合教学,教研组组织开展学科融合课程。通过不同学科的融合,为学生综合素养提升搭建平台。

三、实施过程

"减负"不意味着降低对学生学业的要求和降低教学质量,必要的负担是学生成长和发展的推动力。"减负"是减妨碍学生身心健康和全面发展的过重负担,消除机械、重复、盲目、无用的劳动,更好激发学生的学习兴趣,向课堂要质量。

在"双减"背景下,各教研组认真学习文件精神,借助课堂,不断探索适合学生的教学活动,真正达到减负提质的目的。

（一）语文学科——立足"双减",提升语文综合素养

"双减"背景下,语文教研组结合学生特点以"语文阅读感知与练笔有机结合"为主题开展单元整体教研活动。

1."双减"背景下,实现教学方式的转变

以往阅读教学和小练笔过程中,学生常把写作看作一件苦差事,有强烈的

畏难情绪，而今在"双减"背景下，我们明确要将听说读写、综合活动等加以优化整合，除了教学内容的整合以外，还应该注重语文学习方法、学习习惯的整合。

2."双减"背景下，在阅读教学实践中融合写作训练

课堂教学中教师要注重阅读与写作方法的指导，在教学设计上设计阅读与写作训练课，使学生通过学习一篇课文，既收获阅读方法，又收获写作经验。教研组以第六单元《慈母情深》一课为例，通过单元整体形式进行合理统筹，从不同层面感知文本内容，联系生活实际，进行阅读与练笔相结合。

（1）感悟词语情感，点燃写作热情。在阅读教学中，教师让学生抓住文章中的重点词语进行分析理解，体会作者情感，激发写作热情。《慈母情深》中，通过关键词"四个立刻"和"我的母亲"，感受母亲挣钱养家的不易与作者对母亲的感激和心疼，点燃亲情，渗透德育、心理教育。

（2）感悟写作方法，渗透细节描写。在学生阅读中潜移默化感悟文章写作方法，抓住细节，用思维导图的形式把"鼻子一酸"的经历写出来，并模仿这种写法，写出自己生活中一个细节，既能打动自己，也能感染别人。

（3）品析人物特点，刻画人物形象。教师让学生在分析人物性格时直接对文中文字进行分析，找到描述人物性格的词句，初步了解人物的特点。本文中学生发现作者从外貌、语言、动作等描述母亲，感悟到母亲的勤劳、艰辛，以及母亲对作者的爱。学生利用小报梳理人物特点，品析人物，并尝试运用一个或多个描写手法细致描写家人。

3.评写结合，激发兴趣，提升写作能力

以往的教学评价更多的是教师评价，在此，教师应拓展评价方式，进行多元评价：学生之间相互评、教师重点评、学生展示评等，以此让学生站在自己的视角去感悟、去发现……

在"双减"背景下通过主题教研活动，教研组每位组员认识到语文教学必须立足课精耕细作，在保证学生充分阅读时间的基础上，选择学生喜欢的阅读方式进行个性化的阅读方法的指导，从而在随文练写的情境中培养学生语言运用能力，以读悟写，进而提高学生的语文素质。

（二）音乐学科——识读乐谱激兴趣，音乐学科育素养

为落实"双减"精神，全面提升小学音乐学科素养，本学期以激发学生兴趣，提高音乐学科素养为目标开展教研活动。

1. 学情分析，找出关键，明确方向

以往教学中教师发现不同年级段学生对识读乐谱均存在障碍，因此音乐组以"识读乐谱为训练点，激发学生兴趣"为切入点，设计识谱活动，让学生学有兴趣、学有所用，从而达到减负增效的目的。

2. 问题引领，深度学习，寻求策略

通过个人学习和集体讨论，教师们一致认为在识读乐谱中节奏是最关键的环节，学生应在不同年级段掌握相对应的节奏类型并准确应用到实践中去，因此教师们按低、中、高学段明确基础节奏型类别，并根据不同年级段提出相应策略，开展课堂实践活动。

3. 应用策略，课堂实践，激发兴趣

对一、二年级学生进行书写和五线谱音阶排序训练，运用书写评比"音阶列车"等活动激发学生兴趣，并从训练中找到方向打下基础。在三、四年级歌曲教学中，通过单旋律无升降记号的乐谱识读初步掌握基础方法，利用接龙游戏加强学生对旋律的识读与记忆。在五、六年级欣赏课上，从学生身边熟悉的作品入手，分组配合互帮互助，达到旋律识读的目的；利用经典作品训练进一步提升学生识读五线谱的能力，并能独立自信展示自我。

4.反思交流，共研共进，不断提升

在不同年级实践后，教师进行经验交流与反思，多样的教学形式使音乐课堂活了起来，提高了识谱能力，为音乐可持续学习做好铺垫和准备。

通过活动，音乐组教师认识到在"双减"背景下，音乐课堂对教师提出了更高的要求，在教学中要善于发现学生的兴趣、鼓励学生动起来并敢于表现自己、展示自己从而达到能力的提升，在"乐学善学、人文情怀、审美情趣"中发展学生核心素养。

（三）体育学科——"跳绳达人成长记"

"双减"背景下，不仅要关注学生学业发展，还要关注学生的身体心理健康。《北京中考体育改革新方案》中强调：无体育不教育，适当增加分值，并加大过程性考核力度的权重，重在培养过程。因此体育组教师要不断进行探索创造，改进、优化与提高本组人员的理论知识、专业经验和教育教学能力，积极开展教研活动。

1.学情分析，针对现状

通过调研，发现学生们的运动项目很多：篮球、足球、跳绳等。他们最喜欢的是跳绳。因此，本组教师对近年学生体能测试中跳绳数据进行了分析。通过数据不难发现，一半以上的学生可以达到优秀程度，并随着年级的升高占比有所提升。

2.教研讨论，解决问题

针对学生数据，体育组教师分析了跳绳对于学生身体素质提升的有利方面：①左右上下齐动，有助于儿童左脑和右脑平衡协调，培养平衡感；②不断计数，提高大脑的思维灵敏度和判断力，提高智力；③加速血液循环，促进新陈代谢和身体发育。

同时针对跳绳容易出现的问题商量了对策：一、二年级采用垫步跳也就是采取徒手跳、双手叉腰的方法向上纵跳，练习纠正错误动作。三、四年级采用绊脚跳，选择适合长度的绳子，注意跳绳落点的问题，注意跳跃的高度。五、六年级摇绳过程中双大臂加紧身体，小臂自然抬平，掌心向前。同时注意，身体质量指数 BMI 超过 30 的人，不宜跳绳，很容易对腿部关节或踝关节造成过大的压力，导致运动损伤。跳绳后要做伸展运动，不要立刻停止下来，应继续以较慢速度跳绳或步行一段时间，心跳逐渐恢复正常之后，才可以停止下来。

3. 应用实践，实际运用

①根据学生发展需要和教学条件进行基本技术教学。②丰富跳绳方式，激发学生练习兴趣。③阳光体育运动和课外运动形成互补，确保学生每天锻炼至少一小时。④开展跳绳小比赛，培养学生运动精神、顽强毅力。⑤课间跳绳，培养学生团结合作意识与团队协作能力。

4. 成果展示、对比呈现

通过"跳绳达人成长记"对学生情况进行后测，与前测数据对比发现学生成绩有了明显提升。

本次教研活动以"跳绳"为主题出发，学生在提高身体素质的同时，通过不断挑战自我、达成目标获得成功体验，增强了自信心和成就感，为综合素养的提升奠定基础。

四、研究结论

（1）教研活动促进了教师专业发展，增强了教研组凝聚力。

（2）在教研中，教师们了解了为什么要开展教研组活动，教研组活动要达到什么目的，自己应该如何去主动参与，使教师从"要我参加教研活动"变为"我要参加教研活动"。教师们对教研活动的来龙去脉都有所了解，教研活动有条理、有深度,一个环环相扣的教研活动,一步步引领教师在经历多次的思想碰撞之后,提高全体教师的专业素质,增强教师的课程实践能力。

(3)从教研需求出发,通过有效的单元整体设计,实现教–学–评一体化,教研组开展有针对性、有实效性的单元设计教研活动,切实提高课堂教学质量,在培养和发展学生核心素养和关键能力的同时促进教研组的凝聚力和梯队建设,促进教师的专业化发展。

五、研究反思

减负增效,课堂教学是减负的重中之重。如何使学生在有限的时间内学习无限的知识,并将知识内化为能力,教研组还有很多需要思考的地方。

(1)建立骨干评选和引领机制,充分发挥骨干教师的示范和辐射作用,形成骨干引领、全面提高的机制。如何结合学校实际,推行教师集体备课制度,切实提升教研组实效性是下一步思考的问题。

(2)新课标要求把课堂时间还给学生,这就决定教师只能精讲。每节内容值得探讨的知识点很多,教师要做到抓住教学重点,大胆裁剪取舍。我校以校本教研为抓手,发挥教研组优势,开展系列教研活动,后继我们应走进课堂,不断改进,向平时的40分钟课堂要质量。

(3)"双减"背景下要求教师分层次设计作业,让学生自主选择。如何设计好而精的作业、开放性作业就要发挥教研组的作用,也是后继教研组继续研究的内容。

提质减负还只是一个开始,迎接我们的将会有很多疑问和困惑,但是只要我们不断努力,不断摸索,本着对国家和民族未来高度负责的精神,齐心协力,真抓实干,就能使减轻学生过重负担工作真正见到实效。要努力培养和造就出具有创新精神和实践能力,有理想、有道德、有文化、有纪律,德智体美全面发展的社会主义事业建设者和接班人。

基于联合教研的中学史地政心学科生命教育的实践研究

师雪峰　杨　春（北京大学附属中学石景山学校）

本研究从当前中学生命教育的现状和问题出发，基于教研组基础上的中学历史、地理、思想政治、心理四个学科联合开展生命教育的实践研究。从生命教育的视角解读和发掘教学内容，引导学生学会敬畏生命、守护生命、热爱生命和成就生命。成就生命的方式最终都指向完善自我、奉献社会，在生命教育中培养合格的社会主义建设者和接班人。

一、选题缘由

教育的本质是立德树人，促进学生的个性成长和身心全面发展是教育的出发点和落脚点。现实生活中学生对于生命的价值理解不到位，尤其对自身生命的潜能认识还远远不够，社会上偶尔会有学生出现心理健康甚至自杀等问题。2016 年 9 月发布的《中国学生发展核心素养》中将"健康生活"列为中国学生六大核心素养之一，"健康生活"具体包括珍爱生命、健全人格、自我管理等基本要点。《义务教育课程方案和课程标准（2022 年版）》修订原则中将"生命教育安全与健康"等重大主题教育有机纳入课程。

本研究在多学科融合的教研组中开展大生命观教育。每个人都是自己健康的第一责任人，生命教育最重要的意义是让每一个人发自内心地感到生活的美好，人间的美好，成长的美好，让学生成为幸福人生的创造者和美好社会的建设者。

二、研究过程

（一）学习聚焦，明确生命教育内涵

为提升教师对生命教育的理解，教研组先后开展了多次学习分享活动，聚焦生命教育，使大家认识到生命教育的根本是对人的生命教育，以生命教育生命。教师树立正确的生命价值观，有利于学生形成正确的生命价值观。

1. 学习分享中感悟生命教育的价值

新型冠状病毒肺炎疫情暴发后，教研组组长主动将"中国生命教育网"网站、"生命教育网"公众号、生命教育相关书籍等推荐给组内教师，激励大家主动学习，有效地开展生命教育，并围绕"敬畏·守护·热爱·成长"主题开展分享研讨活动。思想政治学科教师结合"身边的抗疫行动"具体案例，分享了在特殊时期如何结合疫情从学科角度解读疫情防控中的举措和学生的情绪调控。历史学科教师结合线上指导的"疫情的前世今生"教学案例，有理有据分析人类历史上的疫情的流行及影响，学会以史为鉴和科学防控。心理学科教师进行了"生命教育交流分享"主题发言，启发大家思考如何有序和有效开展生命教育。

2. 专家讲座中思考生命教育的本质

为了加强对生命本质的理解，教研组邀请了《生命的起源》一书的作者刘大可先生为全组教师进行了"生命起源"的主题讲座，从生命进化的角度思考生命教育。

3. 工作坊活动中寻找生命教育的突破点

教研组开展了"一起向未来出发"为主题的工作坊活动。大家选取自己喜欢的颜色的彩纸，将自己的手指放在彩纸上，绘画和剪出自己手型的图案，围

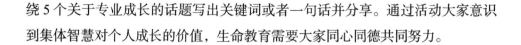

绕 5 个关于专业成长的话题写出关键词或者一句话并分享。通过活动大家意识到集体智慧对个人成长的价值，生命教育需要大家同心同德共同努力。

4. 读书分享中提升开展生命教育的能力

教研组共同阅读了《口罩里的春天》《终身成长》《5C 核心素养：教育创新指南针》等书籍，意识到生命即成长，做有成长型思维的人是共同的追求，在教研组大家庭里遇见和成就更好的自己成为共识。

（二）教学中有序落实生命教育理念

为了更好落实生命教育理念，大家积极开发生命教育课程资源，帮助学生实现自我成长，主要从以下几个方面开展活动。

1. 从学科特点出发开展生命教育

各学科教师从学科特点出发，聚焦生命教育，开展适合自己学科的生命教育。历史学科侧重成长与成就角度，地理学科侧重人与自然和谐共生角度，思想政治学科侧重热爱生命角度，心理学科侧重守护生命角度，最终指向促进学生生命健康幸福成长。

为了更好引导学生积极调整心理状态，心理学科开展了主题为"用'心'战'疫'，助力学生成长"的系列居家心理辅导活动。通过"关注学情，精心准备""关注情绪，自我调节""珍爱生命，精彩生活""持续关注，助力成长"等主题活动，帮助学生滋养好自己的内心，学会积极面对当下的学习生活，用心理知识助力每名学生成为更好的自己。

2. 从学生心理特点出发开展生命教育

各学科聚焦各年级学生的不同心理特点开展了有针对性的主题活动。

历史学科启发学生思考"做一个什么样的人？如何在新时代传承好家国

情怀精神？"让学生从历史角度解读历史人物、历史事件和历史现象。地理学科将"敬畏自然，人与自然和谐共生"的思想通过地理学科教学深深扎根在学生心间。思想政治学科从"热爱生命和生活"角度出发，启发学生对生命的深层次思考。心理学科立足"守护生命"，从初一年级学生居家生活需要出发，开展了"科学用药爱护身体""爱美食更爱健康""手机安心攻略"等实践活动。高一年级聚焦情绪主题，开展了"情绪分享会"和"居家幸福指南"等活动，结合相关记录，重视学生的体验和思考。初三和高三史地政学科教学中关注学生的成长与备考，鼓励学生学会用自己的学科知识进行科学思考和理性分析，学会开阔视野，同时主动规划自己的中考和高考，寻找人生成长的力量。

（三）群策群力，提升生命教育能力

在教研组研讨中形成了教研组开展生命教育的框架（见图1）。

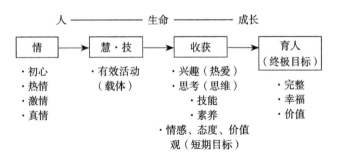

图1　教研组生命教育研讨框架

教育的终极价值目标是育人，人的幸福成长是生命教育开展落实的起点也是终点。教师不忘教育教学初心，用热情、激情和真情开展教育教学活动，通过自己的智慧和技能，开展有效活动，关注学生的兴趣、思维、技能、素养、价值观等养成教育，助其实现生命的成长，过上幸福的生活。教师充分尊重教育教学规律，开展跨学科生命教育主题活动，团队群策群力，不断提升生命教育实施能力。

以教研组共同阅读的《口罩里的春天》一书为例，分析同读一本书是如何促进教师深入思考和提升开展生命教育研究能力的。心理学科梁老师分享了《口罩里的春天》读书心得，教研组长建议道德与法治学科蔡老师在初一年级道德与法治课中可以将此作为教育教学资源选用，师生共同思考生命的内涵和价值。蔡老师以此为资源的《生命的思考》设计及课例均获得2020年北京市基础教育优秀课堂教学设计评选活动的一等奖。教研组长与学生共同阅读该书籍，进一步挖掘本书蕴涵的教育价值。在教研、科研和培训中组内教师对挖掘生命教育的教育价值有了更深层次的认识和落实。教研组长结合自己对生命教育的理解，在高三历史课教学中渗透生命教育，设计的《关于妥协的思考》课例也获得了2020年北京市基础教育优秀课堂教学设计评选活动的一等奖。

教研组通过"专家引领、同伴互助、自我反思"的途径开展跨学科生命教育，生命教育中以"立德铸魂"为主题，启发学生关爱生命、关心人类、关怀自然，更加热爱祖国，让爱国主义精神在学生心中牢牢扎根，培养有责任担当，家国情怀、全球视野的社会主义接班人和建设者。

三、开展效果

（一）促进了学生生命自主成长和全面发展

在生命教育的过程中，让学生感受到生命的美好与珍贵，学会热爱生命和珍惜生命。争取在实践中理解生命的价值，不断挖掘生命的潜能，做有成长型思维的人，在文化理解和传承中成为一个德智体美劳全面发展的人，最终成就生命。

在初高中课堂中开展了《邮票里的世界》《模拟法庭》《历史阅读之大学面面观》等选修课，大家共同围绕人生话题分享对"笑"文化的理解，学会笑对人生。启发学生学会自我人生设计和规划，思考生命的意义和价值。

（二）提升了教师对自我生命专业成长的认识

在课题研究开展中，教研组教师的教育观、教学观、学生观、教材观和教师观等都发生了重大变化，对生命教育价值有了更加深入的认识和理解。许多老师有意识地将生命教育融入自己的日常教育教学生活中，从立德树人的教育本质思考自己所教学科的教育价值。用生活化的学科课程资源涵养学生的品格，最终促进学生的全面个性化发展。教师用自己对生命的感悟影响学生的幸福成长，切实在为学、为事、为人等方面成为学生的引路人。下面是几位课题组老师参加课题的感受。

道德与法治学科蔡老师写道：在课题的引领下，我设计了一节七年级下册有关战胜挫折和逆境的课，引导学生不断思考自然生命、精神生命、社会生命，拓展对生命的认知与反思……对我的教师观也有很大的影响。通过参与生命教育课题，让我再次对自我的生命价值意义有了思考，对于教师这个职业有了新的思考、认识。在与学生的交流学习过程当中，教师的生命价值得以不断地升华，自己的生活、生命变得更加充盈，认识到生命价值意义在于对教育工作的贡献，在于对学生的生命的影响，在于对自己生命与他人生命的珍爱。

地理学科兰老师写道：我更加深刻地认识到地理学科是一门兼自然科学和人文科学于一体的综合性学科。认识到在进行课堂教学设计尤其在制定教学目标时，要突出生命教育，充分挖掘地理知识背后的生命教育价值，将学生情感、态度、价值观的培养作为教学目标制定的重中之重，力求保证地理课堂的生命活力，保证学生在地理课上体会到生命成长的价值。

历史学科王老师写道：作为一名历史老师，我不仅是一个热爱生活的人，也是一位热爱历史的老师，应在历史学习中让学生感受生命的力量。感谢教研组老师的每一次分享和组里有意义的活动安排，让我受益匪浅。

心理学科梁老师写道：参加生命教育的课题研究，是一次非常难忘的共研究共学习的经历。读书，让我对于生命教育有了更深入的理解；实践，推动我不断思考、提升教学能力；写作，让我能够及时地记录自己的所思所感，固化成果。更重要的是多学科的联合教研，让我有机会和组内各学科的老师交流学习，相互启发。期待课题的后续开展。

　　总之，课题开展有效促进了组内教师专业的可持续发展。正如肖川在《生命教育：朝向幸福的努力》中写的："'生命'对于我们每个人来说，都是最为宝贵的。我们所做的一切有价值的事情，无非是能够让生命更加灿烂，更加茁壮，更加辉煌。生命教育，最简洁的表述，就是为了生命的教育。"❶ 我校通过开展多种途径的生命教育，让教师成为学生美好人生的引路人，陪伴学生，激励学生，助力学生生命成长，润泽学生的生命，使学生学会在磨难中成长，努力创造有限生命的无限可能，遇见更美丽的人生风景。生命教育永远在路上！不负韶华，未来可期！

---

❶ 肖川，曹专 . 生命教育：朝向幸福的努力 [M]. 北京：新华出版社，2020.

第二篇

协同视野下依托课题促进课堂提质增效的研究

基于支架理论的单元主题进阶式读写教学实践

贺　昀（北京市石景山区实验小学）

支架理论比喻教学中学习者在积极建构知识意义过程中必要的"脚手架"。支架具有未来导向性 ❶，是从学生的"实际发展水平"到"最近发展区"之间的桥梁和台阶。

阅读和写作密切相关、相辅相成。阅读是解码，写作是编码；阅读中的"输入"语言材料和写作中的"提取"语言材料是相同而逆向的认知机制，且都需要学习者对语篇的信息、语言、结构和布局进行再建构和迁移。

教师以北京出版社六年级上册英语教材 Unit 3 *How did you go to Hangzhou?* 为研究案例，探索支架理论在单元主题读写教学中的实践。

一、设计单元主题进阶式读写活动，搭建任务型支架

单元是提供主题语境和进行主题意义建构的基本教学单位。单元主题进阶式的读写活动，是以一系列任务型支架体现的任务群。"将单元写作任务分解为阶梯式写作活动，以小步骤、多轮次的微写作活动为学生完成单元写作任务进行铺垫，逐步丰富内容和语言" ❷。

教师结合单元主题和本单元的六个语篇，为各课时设计了不同体裁的群文

---

❶ GIBBONS P, 2015. Scaffolding language, scaffolding learning: teaching Englishlanguage learners in the mainstream classroom[M]. 2nd ed. Portsmouth, NH: Heinemann.

❷ 张金秀，蔡琼 . 单元整体教学视角下的写作教学 [J]. 英语学习，2022（9）：4-10.

阅读和读写任务。其中课上为"以写促读"的活动，课下为"以读促写"的写作。十个任务有机组合成为以单元主题引领、内容关联、层次清晰的系列化、结构化的读写教学活动（见图1）。

本单元各课时的读写任务，均基于语篇，聚焦于本单元的主题；课上与课下读写任务既前后承接又首尾循环——课上的作品是所学对话的总结，课下的作品是课上写作作品的进一步深化运用、层层递进、相互补充。

横向比较来看，所有写作任务聚焦单元主题、情境统一并连贯；写作任务由多形式的复述他人的旅游，到讲述自身和家庭的旅游经历，由本市的旅游拓展到国外（或外省市）的旅游进阶；写作的文体多样，有记叙文、说明文、应用文，有仿写、续写、概要写作，且提倡学生体验、分析、归纳和比较后的真实表达。立体的写作任务能够促使学生深度思考，建构知识网络，综合运用本主题语言。

二、阅读阶段使用支架，增强篇章理解、建构知识网

"阅读"中的支架多为学习理解类支架，包括指南型支架、素材型支架、检验型支架等。

（一）运用指南型支架，助力语篇理解、探究语篇意义

指南型支架多是教师逐步引导学生由浅入深的学习，或学生按图索骥进行自主探究学习的支架。

1. 学习任务单是最重要的指南型支架

学生根据学习任务单的指引，可以了解语篇的结构、人物、情境、细节等。如 Period 1 中语篇一的任务单分为三大功能区：第一部分的题目呈现了该语篇的话题和核心内容。第二部分引导学生了解对话内容、知晓大意和细节，如

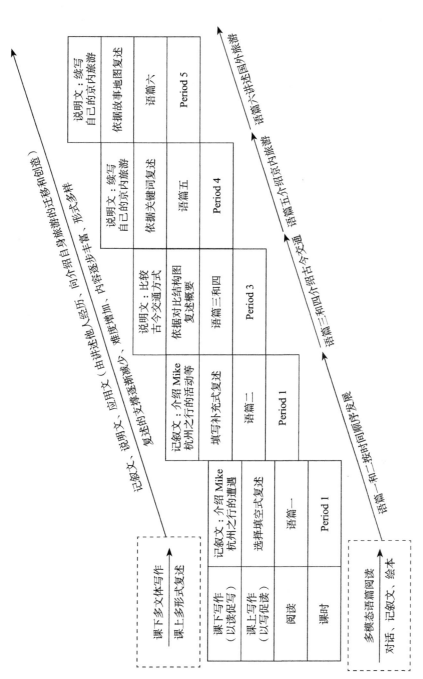

图 1 各课时"读"的语篇和"写"的任务

Guoguo 和 Mike 的图像表现了对话的人物；I didn't see you in school on Monday. 呈现了对话的缘起，Monday 这一时间点，暗示了后续对话发生的合理性；People、Place、Time、Transportation 引导学生了解旅游的基本情况；Trouble、Consquences、Feeling 引导学生重点关注 Mike 在旅行中遗失护照并导致错失航班的插曲。第三部分中要求学生结合自身经验思考 How to avoid the trouble during a trip? 并给出建议。

2. 问题链是最常用的指导学生学习的支架

在 Period 2 的语篇二中教师提问：Who were talking? Which kind of electronic product did they use? 引导学生关注对话人物和通信方式。接着继续提问：Where did they visit? How did Mike feel about the trip？ How did they go there? What did they do? Who bought something? What did they buy? 引导学生了解杭州之行的细节。最后教师提问 Why didn't Mike tell Grandpa about missing the flight? If you were Mike，what would you do? 引导学生置身主人公的情境中，体会和理解 Mike 不想让爷爷担心的想法，感受爷孙的深厚感情并提出自己的建议。

（二）运用素材支架，突破语篇难点、丰富文化底蕴

素材支架主要来源于教材和生活，可以补充背景知识、关联旧知，丰富文化底蕴。

在 Period 3 的语篇三的学习中，教师补充了两个素材支架。素材一是古代交通工具的介绍视频。该视频呈现交通工具的发明史、发展历史及乘坐体验，作为对该信息和背景知识补充。素材二来自五年级上册的语篇四 Transportation，在复现和浏览该文后教师引导从 Public Transportation 和 Private Transportation 两个角度梳理现代交通，并补充最新科技发展的交通方式，使学生充分了解古今交通工具的方式、种类、差异等，为本节课的写作提供了有力支持。

（三）运用检验型支架，增强语言理解，内化语篇内容

在 Period 3 中学生学习语篇三、回顾语篇四后，教师引导学生从公共 / 私人交通、交通工具、发明家、动力、特点、乘坐体验六个方面进行古今交通的对比（见图 2）。其中 Ancient 部分对应语篇三，Modern 部分对应语篇四。教师引领学生进行了同一主题的跨年级、跨单元的整合，并引导学生进行辨析、归纳和总结，再次检验了对语篇的理解内化，促进了深度思维，感受科技给人们生活带来的安全、舒适和便利。

三、运用支架构建 "读" 与 "写" 的桥梁

读写结合的教学是将阅读和写作两个教学过程结合起来。在阅读和写作之间，运用支架能够顺利地实现知识的反向转化。

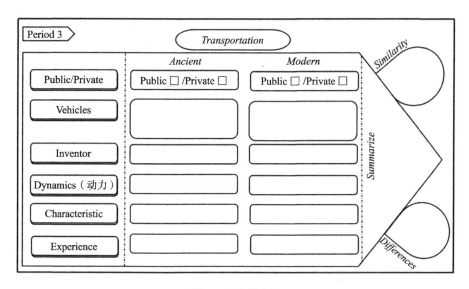

图 2 检验型支架

（一）从语篇中提炼结构支架

语篇结构分为语义结构、超级结构、语类结构、修辞结构和语篇模式❶。语篇结构支架呈现程式化或定型的语篇组织形式或策略，有助于揭示阅读语篇的结构特征，启发和再构新语篇的编码。如在 Period 4 中教师根据语篇建构结构支架 A Guided Tour in Beijing，预设问题：旅游的时间 Day、地点 Place、时长 Duration、看到什么 We saw...、做了什么 We did...。学生据此知晓了从哪些角度介绍，并组织素材、续写短文。

（二）从复述中搭建结构支架

该单元共有六个语篇，教师给予每个语篇不同难度的支架协助学生复述。逐步提升复述支架形式的难度，依次为选词填空式、填写补充式、依据对比结构图复述、依据关键词复述、依据故事地图复述；复述视角从第一人称，到第三人称，再到旁观者角度；复述内容逐渐丰富但支撑逐渐递减，最终达到提升学生内化和产出能力的目标。其中第六个语篇的复述支架（见图3）运用了图片、文字、符号等并存的故事地图，体现了故事发展的时间线、众多人物、纷杂事件及其逻辑关系，需要学生综合运用本单元的语言知识点并再次聚焦和升华单元主题，体验异域文化、思考规避失误的方法。

四、写作阶段使用支架，激发内在动力、把握写作质量

写作是由输入到输出的迁移过程。除任务支架和篇章结构支架外，还需要情境支架、语料支架和评价支架。

---

❶ 苗兴伟 . 语篇结构研究：理论与模式 [J]. 中国外语研究，2017（9）：3-13.

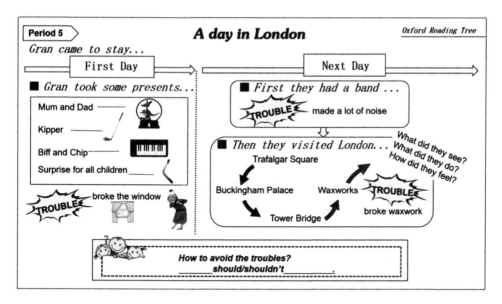

图3　语篇复述型支架

　　情境支架承载了事件发生、发展的时间和空间。情境支架要有"情"，有与课时和单元一致的主题、延续的情感和统一的价值认知。情境支架要有"境"，有与所阅读的语篇一致、延续或模拟的场景，有可模仿的框架。"情"与"境"的有机结合才能够使情境支架发挥更好的作用。

　　语料支架的搭建、更新和使用贯穿整个单元教学。语料来源于本单元所学的语言知识，也可以补充、添加和归纳相关知识。教师还可以直接提供和补充语料，支持和帮助学生。

　　评价支架伴随着阅读和写作实践的始终。立体互动的多元评价，能有效提高学习效果。自我评价使学生明确方向和标准，小组评价有利于互助和自我微调，教师评价可把握思想、保证文质。

　　综上所述，设计聚焦单元主题的阶梯式读写活动并采用多模态支架能够有效助力阅读和写作，激发学生的阅读兴趣，降低畏难情绪，加深阅读理解、提升写作质量，促进由"读"向"写"的转化，最终有效提升学习效果、达成"减负增效"。

深度学习视角下初中英语原著阅读
开放性问题教学探究

王琴音（北京教育学院石景山分院）

陈立艳（北大附中石景山学校）

一、问题的提出

《义务教育英语课程标准》（2022 版）指出，英语课程承担培养学生核心素养的任务，学生通过英语课程掌握基本的英语语言知识，发展基本的听说读写技能，形成用英语与他人交往的能力，要求九年级学生理解性技能方面达到三级 +，课外阅读量累计达到 15 万词以上。

在基础教育阶段英语教学中，阅读越来越受到师生的一致关注。但当前英语阅读教学在模式和效果方面存在的问题较多，初中英语各版本教材篇幅短、内容少，仅仅依赖初中英语教材阅读，不能满足学生核心素养发展的需要。基于此，笔者尝试通过引入原汁原味、接近学生生活实际的阅读材料，激发学生对于英语文化的深入了解以及对英语语言的深层次感知和兴趣。

本文以《小屁孩日记》相关读本为例，着重探讨深度学习视角下初中英语原著阅读开放性问题教学流程和教学策略。

二、深度学习

深度学习的概念，最初由美国学者费伦斯·马顿（Ference Marton）和罗杰·萨尔乔（Roger Saljo）提出。之后，研究者从不同的角度，对深度学习的概念进行了定义。2005 年，深度学习这一学术议题被引入中国，国内许多学者也对深度学习进行了相关研究和实践。安福海认为，深度学习是一种基于理解的学习，是指一种旨在发展高阶思维和解决实际问题的学习。❶冷佳青在其研究中，从教师和学生两个角度探讨了改进基于深度学习理论的初中英语阅读教学的办法，并对此进行了教学实践。❷李蔓、韦灵依据深度学习路线理论框架，结合初中英语的阅读教学实践，对深度学习路线进行重构，充分发挥了深度学习在优化英语阅读教学环节上的作用。❸

　　基于国内外文献，我们认为，首先，深度学习表示学习者能够积极主动地学习新知识，使学习者能在理解的基础上对知识进行深度探究。除此之外，学习者在深度学习的过程中能形成高阶思维，既能把自身所学的知识进行迁移，也能解决现实生活中所面临的难题。其次，国内外研究者都突出强调教学实践探索的重要性，通过具体的实践来研究深度学习，验证了深度学习理论的科学性。但在中国知网查询到篇名含有"深度学习初中英语阅读"的 137 篇文章中，关于深度学习视角下初中英语原著阅读的实践研究比较少。因此，本文将以《小屁孩日记》为例，探讨如何在深度学习视角下开展初中英语原著阅读开放性问题教学。

三、深度学习视角下初中英语原著阅读开放性问题教学探究

（一）《小屁孩日记》

　　《小屁孩日记》的作者是美国作家 Jeffrey Patrick Kinney，全书以一个美国初中生的视角，用生活化的口吻和用词、令人忍俊不禁的笑料，配上简单爆

---

❶ 安福海 . 促进深度学习的课堂教学策略研究 [J]. 课程 . 教材 . 教法，2014，34（11）：57-62.

❷ 冷佳青 . 基于深度学习的初中英语阅读教学改进研究 [J]. 现代教育科，2017（10）：96-100.

❸ 李蔓，韦灵 . 深度学习路线在初中英语阅读教学中的实践探索 [J]. 中小学外语教学（中学篇），2020（1）：13-20.

笑的插画,传神地描绘出青春期学生的"时而天真、时而叛逆、时而顽皮、时而无奈"。话题涉及学校、家庭、娱乐等各个方面,呈现出美国学生一个个真实的生活场景,如"家庭旅行""游乐园的一天"等。该系列读本故事性较强,内容贴近中学生的生活,有利于增强学生的代入感以及参与英语学习活动的积极性。

《小屁孩日记》现已出版原著9本,每册13 000字左右。借助课上精读部分读本,下课泛读部分读本,能够完成初中阶段5级15万词的阅读量。而且该套书有原版英语听力和根据原著改编的3部电影,能够更好地辅助教学。

(二)深度学习视角下初中英语原著阅读开放性问题教学流程

1. 开放性问题

本文中的开放性问题,是指学生在阅读理解文本的基础上,针对故事内容提出的问题。教师通过让学生提出开放性问题,运用灵活多样的方式,引导启发学生寻求问题答案,帮助学生深度理解文本,促使学生主动阅读和批判性地阅读,在英语原著阅读活动中不断成长,培养学生的高阶思维能力。

2. 深度学习视角下原著阅读开放性问题教学流程

在深度学习视角下原著阅读开放性问题课堂教学过程中,教师引导学生在课下阅读的过程中提出问题,并书面记录下来,教师挑选其中比较有深度的问题作为备课的内容。课上学生独立思考,通过小组合作等方式解答问题,教师聚焦核心问题,并进行问题链的追问,启发学生进一步思考,在此基础上,引导学生提出深层次的问题。这就形成了高阶思维参与、由理解向运用和创新拾级而上的提问路径(见图1)。

英语原著阅读过程中,通过让学生参与提出开放性问题,增强学生语言能力和思维能力,提升学生分析问题和解决问题的能力;同时,引导学生从跨文化的视角观察和认识世界,对事物做出正确的价值判断。

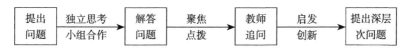

图1　深度学习视角下的原著阅读开放性问题教学流程图

（三）深度学习视角下初中英语原著阅读开放性问题教学策略

1. 按主题制定学案，为开放性问题的提出奠定基础

根据事件发展，教师将本书划分为若干个主题，按照主题制定学案，通过学案，引导学生阅读文本，理解大意，在这个过程中，学生对于故事的内容有了大概的了解，为接下来开放性问题的提出奠定基础。

每个主题的学案包括以下几部分内容：一是文本中的词汇。从音标、英文注释、词性、中文意思等不同角度，帮助学生学习理解文本的词汇。二是文中长难句理解。通过英文注释、句子翻译、短语表达等，帮助学生较准确地把握句子表达的含义。三是对于文中图片的描述。学生利用所提示的关键词汇，描述图片内容，帮助学生巩固、内化所学内容，提升学生语言运用能力。四是整理故事情节，提出开放性问题。

2. 指导开放性问题提问技巧，引导学生提出问题

学生提出开放性问题之前，教师要先对他们进行提问策略指导，使学生明确开放性问题需要选取主题中的典型性和多样性问题。学生可以选取典型内容、典型情节、典型体验和典型问题，同时注重问题要具有思维发散和内容有趣。开放性问题可以分为三个层级。

第一层级是关于关键信息和细节的问题，学生通过阅读，根据故事情节内设置问题。第二层级是关于框架和结构的问题，问题的提问可以借助图片信息来完成。第三层级是关于知识和观点整合的问题，学生可根据自身能力提出问题。

3. 三种开放性问题课堂处理模式，助力学生深度理解

在原著阅读教学实践中，对于学生提出的开放性问题，笔者通常运用三种方式进行处理，即 Think-Group-Share 模式、One-To-Three 模式以及教师追问模式。教师通过课堂上对问题的灵活处理，既能帮助学生更好地理解原著，又能达到育人的效果。

（1）Think-Group-Share 模式，处理理解类问题。Think 指独立思考，Group 指小组讨论，Share 指全班分享。这种模式常常用来处理学生提出的理解类问题。教师在课前将学生提出的问题进行筛选和汇总，根据教学安排和学生提出问题的质量，挑选部分问题在课上呈现。教师首先引导学生独立思考，探究这些问题的答案；然后学生展开小组讨论，分享交流，明确问题的答案；最后，小组选择最佳问题，在全班分享答案。

在与同伴或老师讨论答案的过程中，学生不但知晓了问题的答案，而且也在学习其他同学的提问方式，因此，学生的提问能力会逐步上升，由开始的不太准确、基于细节的提问句式逐步过渡到高阶的问题。

（2）One-To-Three 模式，处理应用类问题。One 指一个问题，Three 指三个小组，One-To-Three 模式指组内选出一个最好的问题，然后进行三个小组的汇总和讨论，去组间寻求答案。这是一种组间提出问题和解决问题的模式，这种模式通常用来处理运用类问题。

阅读之初，学生的问题通常以 What 开头，经过一段时间的学习和观察，学生的问题逐渐向 Why、How 或者联系自身的 What 等问题过渡。随着学习能力的增强，学生提出的问题也会越来越深入，解决问题的能力也在逐渐增强。因此，从《小屁孩日记》第二本书开始，课上逐步转变为学生先进行组间问题的提问和解决，小组成员进行问题和答案的汇总和汇报。在实践过程中，笔者将全班分为 9 个小组，每组 4~5 人。组内选出一个最好的问题即 One，然后进行三个小组的汇总和讨论即 Three，去组间寻求答案。

在教师的有效指导下，学生在原著阅读时能表现出较多的独立性和深刻性，

提出的问题既包含基于细节理解的低阶问题，也包含提高思维和文化认知的高阶问题。学生依托不同主题的片段，在分析问题和解决问题的过程中，促进自身语言知识学习和多元思维发展。

（3）教师追问模式，处理创新类问题。教师追问，指教师针对学生一致聚焦问题的追问，抓住关键问题引发学生讨论。这种模式一般用于处理创新类问题。

学生对于问题的探究逐步深入，时常出现聚焦同一个问题的情况。针对学生对于问题的敏感和兴趣点，教师可以在课堂中追问，一般会深化到 How 或者 What to do/What do you think of… 之类的问题，有效抓住关键问题并展开讨论。

教师的问题追问通常遵循"意绎议疑"的原则。例如在讲到 Manny 时，首先，让学生判断 Manny 是否被父母溺爱，然后找到文中对 Manny 溺爱的事例，完成"达意"和"演绎"的目标，如 Is Manny spoiled by his parents? How do you know? 其次，分析文本语言，推测 Greg 对弟弟的看法，达到"充分议论"的效果，如 What does Greg think of his little brother Manny? 最后，追问学生对该问题的看法，让学生在头脑中进行"释疑"的思考，引导学生理性处理问题，如 If you were Greg, what would you do in this situation? 以此达到读别人的故事，思考自己人生的目的。问题层层递进，既渗透文本信息，又能解决实际问题。

信息加工视角下初中生数学阅读编码水平提升的策略

吕　芹（北京教育学院石景山分院）

一、问题的提出

"双减"政策要求给学生"减负"，课堂教学要"提质增效"。《义务教育数学课程标准（2022 年版）》提出核心素养导向的课程目标，强调整体把握教学内容，注重教学内容的结构化，为落实"双减"提供了顶层思路。而内容结构化的本质就是着眼知识间的联系。调查发现，学生教学阅读的问题主要体现在四方面：一是阅读审题存在问题，阅读策略缺乏；二是当阅读材料中信息比较多时，组织信息策略缺乏；三是知识记忆不牢，对知识间的联系性关注不够；四是一旦熟悉的题目变化，学生不能很好地基于知识的本质进行阅读。从教师层面看，部分教师对学生认知过程关注不够，多角度指导学生理解信息、构建关联、结构化策略不足。阅读是学习的核心，贯穿数学学习的全过程，学生表现出的问题很多是数学阅读中的编码问题。教育家布鲁纳认为，学生有意义学习的本质就是建立编码系统。因此，从信息加工视角分析学生阅读学习过程中的编码极具研究的价值与意义。

二、影响初中数学阅读编码水平的主要因素分析

本研究依据加涅的信息加工理论，认为学习过程就是信息加工过程，即信息的输入、注意、编码、储存、输出（提取）。执行控制与预期是信息加工理论模型中重要的组成部分。本文中的编码界定为对阅读材料信息进行一定方式的简约、

转换、解释、组织，使之获得适合于已有认知结构，便于学生理解概括的有意义的形式，并将其转移到长时记忆中的加工过程。编码的过程就是对知识理解建构的过程。编码主要发生在信息从短时记忆到长时记忆的过程中。基于阅读材料的编码方式主要有基于信息意义的分类组织与阅读者的主观组织两种方式。

影响初中生数学阅读编码水平的因素很多，重点从以下三个方面进行分析。

（一）学生的数学认知结构

从信息加工心理学的观点理解的数学认知结构，就是学习者经过对外显知识的感知、理解、内化，进而储存在长时记忆中的相互联系的知识组成的结构。学生的认知结构是其进行新知识学习的基础，是理解新信息，并将其纳入已有认知结构的必备前提，影响对新信息的选择与编码。

编码的组块理论认为：短时记忆保持时间短暂且容量有限。组块化的过程是个体提取和利用已有的知识经验，通过扩大每个组块信息的意义联系，以达到扩大与增加短时记忆容量的认知操作，个体的知识经验对组块化（编码）的过程影响很大。喻平通过研究个体的 CPFS 结构，发现 CPFS 结构在数学阅读中具有重要作用 ❶；杨红萍关于"阅读与认知"的研究表明了认知结构和自我监控对数学阅读的影响 ❷；丁华元在《中学生数学阅读能力培养研究》中发现认知结构为影响阅读的内部因素 ❸。良好的认知结构更容易建立和新知识的联系，有助于新信息的编码建构。

（二）编码的动机、意识状态

阅读者是否有意识主动对材料信息进行多角度的理解，主动将信息放在与已有信息的联系中去理解，即是否有意识主动进行编码、采用什么方式编码等

---

❶ 喻平. 数学教育心理学 [M]. 南宁：广西教育出版社，2004.

❷ 杨红萍. 数学阅读：认知与教学 [M]. 北京：高等教育出版社，2016.

❸ 丁华元. 中学生数学阅读能力培养研究 [D]. 南京：南京师范大学，2005.

均会影响其编码水平。有意识主动编码的效果明显优于自动编码。有意编码可使人全部心理活动趋向于目标，使任务凸显，增强记忆痕迹。阅读者会根据材料信息的重要程度确定对信息编码的方式。如果学生仅仅是为了完成老师交给的任务"通过阅读，了解有哪些知识"，可能不会对每一项新知识作深入理解，不会主动关注新旧知识间的联系。如果没有结构化编码意识，在解决问题、提取运用信息时可能就会受阻。如果学生了解阅读的目标和任务，可能会自行调整其编码方式或策略。另外，越熟悉的信息，阅读者对信息的理解越深刻，越容易找到关联，形成结构化认知。综上，阅读者面对阅读材料时的意识状态影响信息的编码。

（三）自身的编码策略及信息加工的深度

信息加工理论中的执行控制与预期影响信息加工过程中的编码，因此学生自身在编码中的认知策略影响其编码的水平。在"方程类"实际问题调查中，从问题"当题目中的量及量之间的关系比较复杂时，你有组织整理信息的方法吗？"的调查结果看，近61%的学生有对信息进行整理的方法，在有整理方法的学生中56%的学生常用表格的形式对信息加以整理组织，还有划、圈、标注的方法及画图或分类的方式，说明学生有自己的编码策略；但是有近40%的学生没有任何整理信息的方法，学生已有的编码策略在学生正确阅读理解材料信息方面起着重要的控制与调节作用，加强阅读认知过程中编码策略的指导必要且可操作。记忆的加工水平理论认为刺激信息会经历不同水平的加工，加工水平不断深入，记忆痕迹会逐步增强，换句话说，理解记忆水平取决于对信息的加工深度。

三、提升初中生数学阅读编码水平的策略

知识或学习材料信息"在长时记忆中是以命题形式或其他有组织的方式

储存的，这必然意味着它是以同样方式编码的，学习者须具备信息加工编码的一些方法，以便将知觉到的刺激信息转化为'有组织的网络'形式"。[1]有效编码会助力后续信息提取。编码的实质是对学习信息的多角度、全方位理解。

（一）信息转换策略

信息转换策略是指基于信息的意义，用不同的表述或表征方式，从不同角度对数学材料信息进行深入理解加工的方法。

佩维奥（Paivio）的双重编码理论认为，"长时记忆中存在着语义编码和表象编码两种独立的编码系统，专门负责信息的编码、组织、转换、存储和提取"[2]。作为教师要有意识地在教学中指导学生从文字、符号、图形多角度理解信息的意义。

1. 不同的表述或解释

信息只有与学生已有认知结构中的知识经验相匹配，才能被接纳理解，因此给学生不同理解表述的机会，能有效促进对信息意义的理解。比如，启发学生用自己的话对信息重新进行表述或翻译或解释，以适合他们自己认知结构的方式进行理解。

2. 不同的表征呈现

数学学习可以说是数学语言的学习，数学语言是文字、符号、图形三种语言的交汇融合，只有熟练地进行语言间的对应转化，了解信息的不同表征方式，才能深层理解，融会贯通。比如，运用图形解释整式乘法或因式分解中的公式、二次函数三种表示方法的对应与转换等，以加深学生不同角度的理解。

---

[1] 加涅. 学习的条件和教学论 [M]. 上海：华东师范大学出版社，1999.

[2] 梁宁建. 当代认知心理学（修订版）[M]. 上海：上海教育出版社，2014.

3. 不同的角度思考

多角度、多层次理解信息是构建全方位、立体化知识结构体系的重要途径，有助于编码方式与编码策略的提升。比如，从图形变换的角度看待静止的图形，从图形的生成角度看图形之间的关系，从函数角度看待方程和不等式的问题等。

（二）问题激发策略

问题激发策略是指通过问题激发学生的阅读动机，感受阅读材料的重要性，并对阅读材料进行深层次理解的方法。

1. 带着要回答的问题去阅读

阅读者的阅读动机影响学生编码理解的深度与方式，要通过问题引发学生的阅读动机，引领学生在有目标、有方向阅读编码的同时，促进其编码水平的提升。如"阅读材料中的数学信息有哪些？你能否概括出阅读材料的核心内容？你能否用自己的话或不同的表述方式对数学信息进行转化？你能对阅读材料中的数学信息进行比较与分类吗？"等问题。

2. 带着编问题或自提问的想法去阅读

编问题能激发学生阅读的动机与需求，加深学生对材料中重点问题的关注与理解，或者边阅读边对自己提问，能有意识关注新信息与已有信息间的联系，提高对信息的编码水平。

3. 问题引领数学信息的释义与推理

以开放性的问题引领学生根据阅读材料进行释义与推理活动，增强学生对信息的深度加工，加强编码。

在函数类试题基于问题的阅读价值与方法的反馈中，主要有三个观点：①在系列测查问题的解答中，获得了一些数学阅读的方法和策略；②进行数学阅读时，应该尽可能地读出阅读材料中蕴含的丰富信息，主动根据阅读材料进行推断，锻炼自己对材料信息的理解加工能力；③根据阅读材料编问题，能促进对阅读材料的注意和深入理解分析。石景山区 2064 名学生答案的统计结果显示，三种观点符合学生想法的人数占比均达到 88% 及以上，这说明"问题激发策略"能促进学生数学阅读编码水平的提升。

（三）组织整合策略

组织整合策略是指通过对数学阅读材料信息进行组织创建框架，或进行整合，将一些信息与其他信息联系起来，减轻记忆负荷或使材料更有意义，从而加深对材料的深度加工，提高编码水平的方法。

1. 借助图表分类整理信息

将材料信息以图表等方式进行分类组织，有助于进一步厘清条件和关系，增加短时记忆容量，同时组织的过程是对信息编码理解的过程，有利于问题的解决。

2. 运用直观图构建联系

（1）概念关系图或程序框图。运用图形建立概念间关系、表达思路流程，有助于学生形成结构化认知，存入长时记忆，助力编码策略与方式的优化完善。作为教师应给学生提供自主构建的机会，引领其依照知识间的逻辑联系，以概念和基本原理为核心，构建结构，帮助学生对知识形成深刻理解，助力良好认知结构的形成。

（2）组织线索图。依据组块理论，阅读材料的呈现及关注材料信息的联系性，既能减少学生的认知负荷，又能增加短时记忆的容量。例如，某教师讲"二次函数概念"时设计三个任务，由图 1 引领学生建立两个变量间关系，到图 2，再到图 3，将二次函数与一次函数知识建立联系，以图形为线索将新知进行了组织编码，将二次函数的知识纳入已有函数知识的结构中。

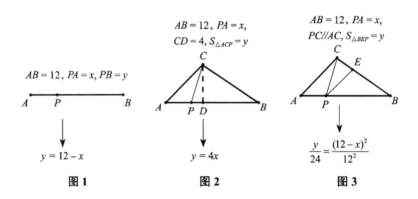

图 1   图 2   图 3

四、结语

数学阅读的研究取得了明显成效，课题组成员深刻地体会到研究的价值。有效教学是师生交往互动的过程，学生的发展离不开教师的精心设计与指导。作为教师要重视奥苏伯尔"先行组织者"教学策略的使用，关注问题本质的内在一致性。要给学生自主阅读的机会，创设情境，启发学生选择适当的方式编码，促进其编码策略的优化与完善，让学生在对知识的深层加工中提升编码水平，促进其认知结构的不断修正、优化与完善，提升基于知识本质的数学阅读能力，最终助力"双减"背景下"提质增效"目标的实现，发展学生的核心素养。

"双减"背景下数学大观念单元教学的思考与实践

——以《表内乘法》单元整体设计为例

李艳蕊（北京市石景山区爱乐实验小学）

大观念是指向学科本质、反映知识结构和联系的核心内容。单元教学，是根据教学内容的内在一致性（相同主题、同类知识等）开展的整体化教学。将大观念变为可操作的学习任务，首先，需要大观念细化到单元中，确立单元具体观念并形成学习目标；其次，要确立本单元关键问题及子问题；最后，将关键问题及子问题赋予真实情景、学习支持、活动形式和活动时间，形成单元学习任务序列。为了落实"双减"，在有限的课堂教学中最大限度发展学生的数学素养，我们结合"表内乘法"单元整体教学进行了思考与实践。

一、确定单元学习主题及具体观念

（一）研读课标

《表内乘法》单元属于课程内容中数与代数中的数的运算。重点在培养学生的运算能力。有研究者认为，小学生的数学认知结构主要是加法结构和乘法结构，而乘法结构是在加法结构的基础上产生的高层次的数学认知结构，是最为重要的结构。❶四则运算之间有着密切的联系。沟通加法与乘法的联系至关重要。

（二）分析教材

单元并不局限于教材中固有的单元，而是指具有内在联系、反映共同思想、学生又能迁移的内容的整合。纵观小学阶段的乘法，整数乘法是基础，五、六年级小数乘法和分数乘法是将乘法的概念和方法等迁移到不同的数域中。表内乘法既是学生学习乘法的开始，也是今后学习表内除法和多位数乘、除法的基础。

（三）确定单元具体观念

在运算大观念引领下，研读课标，分析教材，挖掘本单元的教育价值，最终确定"表内乘法"单元具体观念。

单元具体观念 1：基于实际情境，沟通乘法和加法之间的联系，建构乘法模型。

单元具体观念 2：基于乘法的意义编制乘法口诀。

单元具体观念 3：从多角度中可以发现口诀中的规律。

单元具体观念 4：利用乘法口诀解决实际问题。

单元具体观念 5：发展学生的运算和推理能力。

前 4 条阐述了运算的核心内容及研究的思想方法。第 5 条则是在此基础上提炼出的这部分学习对于学生发展的重要教育价值。

二、评估学生先期学习经验，制定 TUKE 学习目标及成果表现

学生对乘法口诀的先期基础是什么？是否可以基于对乘法意义的理解编制

---

❶ 孙昌识，姚平子. 儿童数学认知结构的发展与教育 [M]. 北京：人民教育出版社，2005.

口诀？对于乘法口诀还有哪些疑惑或好奇？为此，我们对北京市石景山区爱乐实验小学二年级 138 名学生进行了学情调研。

（一）调研问题

调研问题如下：

①你会背乘法口诀吗？你能写一写吗？

②你能根据口诀"五六三十"写出对应的算式吗？

③你知道 3×4=12 表示的意思吗？可以画一画，写一写。

④你对乘法口诀有哪些好奇或者疑问？

（二）调研结果

调研题目①：67.4% 的学生出现问题。其中 14.5% 的学生只能写出一些简单的口诀，对乘法有一定的认识；10.1% 的学生知道乘法口诀的规律，但在表述上不准确；有 7.3% 的学生完全不知道乘法口诀，还停留在加法上。

调研题目②：37.7% 的学生完全不知道口诀的含义，不会写算式。

调研题目③：73.2% 的学生能清楚地表达乘法算式的意思，并会多表征描述算式。

调研题目④：学生对乘法口诀提出的问题大致可分为四类：

（1）乘法或乘法口诀的意义：为什么会有乘法口诀呢？乘法和加法有什么不一样？为什么 1×1=1？九九不是 18 么？为什么是 81？为什么是"五六三十"而不是"五六二十"呢？

（2）乘法口诀的结构：为什么 3×1 这种在口诀里都不说？为什么口诀只到"九九八十一"呢？为什么每列都会少一个？为什么乘法口诀到得数比 10 大以后就没有"得"字了呢？为什么像"四四十六""九九八十一"这种口诀只能写出一个算式？

（3）乘法口诀的应用：乘法口诀能用在哪儿？乘法口诀真的可以无穷乘下去吗？为什么乘法口诀要分表内乘法口诀和表外乘法口诀？

（4）科普类：乘法口诀是什么时候诞生的？第一个创造乘法口诀的人是谁？

通过调研发现，很多学生虽会背乘法口诀，但不知道乘法口诀的含义；虽知道乘法，但不知道加法和乘法的联系；似乎熟悉口诀，但又对乘法口诀充满了疑惑和好奇。

（三）制定 TUKE 学习目标

根据单元具体观念、学情分析制定单元学习目标：

T（思维迁移）目标：通过编制口诀的活动，初步学会运用类比推理的方法学习新知识。

U（意义理解）目标：理解乘法运算的意义，知道乘法算式各部分名称；知道口诀是怎么来的，理解每一句乘法口诀意义；能熟练计算表内乘法。

K（知识技能）目标：会用画图、语言叙述等方式表征理解和分析问题的过程，能运用加、减、乘法解决简单实际问题。

E（情感态度）目标：获得自主探索、发现创造、乐于分享的情感体验，体验数学与生活的密切联系。

三、形成学生思考的关键问题及关键问题的子问题

"观念统领"单元教学的重要原则是围绕重要内容进行深度探究，而学生的探究是在问题的引领下展开的。我们依据确定的单元具体观念和 TUKE 目标，确定学生学习的关键问题及关键问题的子问题（见表1）。

表1 《表内乘法》单元学生思考的关键问题

学生思考的关键问题	关键问题的子问题
1.什么样的加法算式可以用乘法算式来表示？乘法算式表示什么意思？	1.什么样的加法算式可以用乘法算式来表示？ 2.乘法算式表示什么意思？

学生思考的关键问题	关键问题的子问题
2. 关于 2~9 的乘法口诀你是如何编制的?	3. 根据乘法的意义,你会编制 5 的乘法口诀吗?
	4. 在编制 5 的乘法口诀后,你会编制 2、3、4 的乘法口诀吗?
3. 你能从不同角度找到乘法口诀中的规律吗?	5. 单句口诀之间有什么规律? 为什么会有这样的规律?
	6. 乘法口诀表有什么规律? 为什么有这样的规律?
	7. 为什么乘法口诀只到"九九八十一"呢?
4. 乘法口诀在生活中有哪些应用?	8. 乘法口诀在生活中有哪些应用?

学生理解乘法和加法间的联系,建构乘法模型后,才能在理解乘法意义的基础之上编制乘法口诀。在编制乘法口诀的过程中,发现其中存在的规律,从而解决实际问题。整个过程可以发展学生的运算能力和推理能力,体现学生由低阶思维到高阶思维的晋升。

四、架构单元学习任务序列

根据学生的年龄特点和学习规律,将关键问题进一步分解,同时梳理教材,设计本单元的学习任务序列(见表 2)。

表 2 《表内乘法》单元的学习任务序列

关键问题	学习任务	课时安排	课型
什么样的加法算式可以用乘法算式来表示? 乘法算式表示什么意思?	初步认识乘法	1 课时	关键课
关于 2~9 的乘法口诀,你是如何编制的?	编写 5 的乘法口诀	1 课时	关键课
	尝试编写 2、3、4 的乘法口诀	1 课时	迁移课
	反思编写口诀的方法	1 课时	关键课
	探索单句口诀间的规律		
	整合编写 6~9 的乘法口诀	1 课时	迁移课
	整合、分享、反思 6~9 的口诀内容和过程	1 课时	迁移课
	用口诀解决实际问题	1 课时	练习课

续表

关键问题	学习任务	课时安排	课型
你能从不同角度找到乘法口诀中的规律吗？为什么会有这样的规律？	探索乘法表的规律	1课时	关键课
	思考为什么会有这样的规律		
你能从不同角度找到乘法口诀中的规律吗？为什么会有这样的规律？	反思探索规律中的方法	1课时	拓展课
	续编乘法口诀		
	交流续编方法及感受		
	尝试用口诀解决 12×7 并交流方法	1课时	拓展课
乘法口诀在生活中有哪些应用？	传统文化中的乘法口诀	1课时	拓展课
	解决乘法问题	1课时	练习课
	解决乘加问题	1课时	练习课
	解决乘减问题	1课时	练习课
	根据乘法口诀讲数学故事	1课时	拓展课
	对单元进行回顾反思	1课时	复习课

课程内容组织的重点，是对内容进行结构化整合。❶ 我们将课型分为关键课、迁移课、练习课、拓展课、复习课。通过关键课让学生经历编制口诀的过程，知道口诀是怎么来的，再通过类比推理的方法进行迁移课的探究；在练习课和拓展课中进行进阶练习，复习课进行回顾反思。

（一）多种表征方式，突出乘法意义的教学，为编制口诀奠定基础

乘法的意义是学习乘法口诀和解决问题的基础。关键课要通过多表征转换，突出乘法意义的教学。通过关键问题引领，多表征转换，让学生初步感受乘法的简洁。

（二）尊重学生已有经验和认知，迁移编制乘法口诀经验及方法

编制5的乘法口诀作为关键课，基于学生有"五、十、十五……"数数的

---

❶ 中华人民共和国教育部. 义务教育数学课程标准（2022年版）[M]. 北京：北京师范大学出版社，2022.

基础，充分利用已有经验和认知。有了编制 5 的乘法口诀的经验和思路，通过迁移独立编制其他乘法口诀，唤醒儿童对乘法意义的理解，认识口诀的排列方式，尝试多角度表达口诀的意思，体会编制口诀的方法。

（三）问学交融，发展"四能"

教学中最难能可贵的就是问学交融。课程目标以学生发展为本，以核心素养为导向，进一步强调发展学生用数学知识与方法发现、提出、分析和解决问题的能力（即"四能"）。例如，在观察乘法口诀表规律时，回归到他们自己的提问。"为什么 3×1 这样的算式在口诀里不说？""为什么每列都少一个？""为什么像'四四十六''九九八十一'这种口诀只能写出一个算式？"在全班交流中，他们不但可以表达出规律，还能解释为什么有这样的规律。在有序观察、抽象概括、交流表达中，学生进一步理解口诀的意义，感悟到口诀之间的关联，推理能力得到发展。

（四）注重培养学生初步的应用意识和解决简单问题的能力

笔者在分层次的练习课基础上进行拓展课，如让学生解决 12×7 的问题。基于乘法的意义，利用转化思想，将 12 个 7 拆分成为 7 的乘法口诀。

我们有机链接学生问题和教学关键问题，用结构的力量促进学生理解与迁移。发展学生创新意识，促进学生学习主动性，促进学生用数学的眼光观察世界，用数学的思维思考世界，用数学的语言描述世界，提升了"四能"。教师的教育理念发生了变化，从关注如何教转向如何学，能站在发展视角看教育全过程，体现立德树人。积蓄专业素养，加深教师对核心素养的理解，把核心素养的培养具体落实到每一个任务中。

大观念单元教学，缩减的是时间，不变的是教学内容，提高的是学生的数学成绩，发展的是学生核心素养。这不正是"双减"希望我们达到的吗？任重道远，需要砥砺前行，我们的实践还在继续⋯⋯

基于主题探究的初中英语单元整体教学实施

田　菲（北京景山学校远洋分校）

一、问题的提出

"双减"政策提出了提升学生在校学习效率，减少学生作业负担的要求。《义务教育英语课程标准（2022年版）》（以下简称《新课标》）提出"以主题为引领选择和组织课程内容"[1]。教师创设与主题意义密切相关的语境，充分挖掘特定主题所承载的文化信息，以渗透核心素养和价值观。

通过听课和访谈发现在英语课堂教学实践中碎片化、表层化的现象仍旧突出，教师忽视了对学生批判性思维和正确价值观的培养。[2]本文结合《新课标》和"双减"要求，探讨基于主题意义的初中英语单元整体教学的实施路径。

二、内涵和价值

《新课标》提出"以主题为引领选择和组织课程内容"。本文中"基于主题探究的单元整体教学"思路是教师基于课程标准，围绕特定主题，深入解读、分析、整合和重组一个单元内的教材等教学资源后，结合学生主体的需求，搭建一个由单元主题统领、各语篇子主题相互关联、逻辑清晰的完整教学单元。[3]

基于主题意义的单元整体教学存在以下优势：第一，探究主题意义，有助

---

❶ 中华人民共和国教育部.义务教育英语课程标准（2022年版）[M].北京：北京师范大学出版社，2022.

❷ 王蔷，周密，蔡铭珂.基于大观念的高中英语单元整体教学设计 [J].中小学外语教学（中学篇），2021（1）：1-7.

❸ 程晓堂.基于主题意义探究的英语教学理念与实践 [J].中小学外语教学（中学篇），2018（10）：1-7.

于学生建构知识网络，理解知识的本质。❶第二，有利于学生英语学习能力的发展和核心素养的形成。教师能够围绕同一主题引导学生进行多元化解析，并通过开展多样化的教学活动，使学生在主题意义的探究和问题解决过程中培养学生的英语核心素养。第三，有利于教师专业能力的培养。一线教师整合课程内容、整体规划教学活动，以对零散知识的关注转向以主题意义为指引。

三、研究过程

为了让《新课标》理念充分融入教学，让教师们能够在同组教研的基础上提升自身的素养与发展，在教学实践中，我们首先集体学习、研讨了《新课标》，尝试结合新课标中的教学建议，运用了以下基于主题探究的初中英语单元整体教学实施步骤。

（一）深入研读语篇，把握教学核心内容

研读语篇就是对语篇的主题、内容、文体机构、语言特点、作者意图等进行深入的解读。同组教研活动中要求教师重视语篇的研读，从 What、How、Why 三个维度展开。❷

案例 1　语篇研读：以北京师范大学出版社八年级下册英语教材 Unit 4 Lesson11 *Online Time* 为例。

[What] "Online Time" 是一篇打电话咨询有关上网问题的对话。主要内容是 Mike 的妈妈因为 Mike 上网时间太长而为他担忧，给 Smiths 教授打电话求助，妈妈描述了 Mike 上网经常做的事情，Smith 根据 Mike 的情况提了三条建议，妈妈认为前两条建议不适用于 Mike，只采纳了第三条建议。

---

❶ 王蔷，孙万磊，赵连杰，等 . 大观念对英语学科落实育人导向课程目标的意义与价值 [J]. 教学月刊·中学版，外语教学，2022（4）：3-14.

❷ 中华人民共和国教育部 . 义务教育英语课程标准（2022 年版）[M]. 北京：北京师范大学出版社，2022.

[How] 本课的对话前半部分是 Mike 的妈妈描述 Mike 的问题，后半部分是提出建议和对建议的回应。Smith 教授使用 why don't you…，what about doing…等句式给对方建议，妈妈使用 We tried. But…；That's a good idea but…；You are right. I should try that. 等句子回复，通过 all、never、even、just、still 这些副词，传递说话人的情绪等。

[Why] 遇到问题要寻求帮助，采取合理的方法解决问题。

通过文本研读，教师不仅对提建议的方式和回复建议的句型有了了解，还对文本的深层意义即采取合理的方法解决问题有了把握。同时教师还分析了文体类型、语篇结构、语言特点等，为组织学习内容、设计教学环节、达成目标奠定了基础。

（二）关注主题，制定指向核心素养发展的单元整体教学目标

人与自我、人与社会和人与自然是英语课程内容的三大主题语境，是培育和发展英语学科核心素养的主要依托。而单元是承载主题意义的基本单位，单元教学目标是总体目标的有机组成部分。教师通过分析、梳理整合，使单元教学目标可达成、可操作、可检测。在实际教学中，为了改变以往对此不重视、目标制定随意甚至是理解不深入的情况❶，我们采用了"同组教研、交流分享、归纳提炼"的方式，以保证单元教学主题目标的清晰与精准。

案例 2　基于主题意义的单元整体教学目标设置：以北京师范大学出版社八年级下册英语教材 Unit 4 *Dealing with Problems* 为例。

本单元的主题属于《新课标》中人与自我范畴中，生活与学习、做人与做事主题中的身心健康、自我管理内容，同时也涉及人与社会范畴中良好的人际关系，在明确主题意义的基础上确定单元整体教学目标。

通过本单元的学习，学生能够做到：

（1）认识问题：通过本单元的学习，能够获取信息，如学生及家长所遇到

---

❶ 崔允漷. 如何开展指向核心素养的大单元设计 [J]. 北京教育（普教版），2019（2）：11-15.

的常见问题、家长和学生就同一问题的不同观点及改善的措施。

（2）分析问题：通过本单元的学习，学生能够总结出回复问题、提建议的方式，感知不同身份的人考虑问题所处的角度不同，说出约束行为背后的原因。

（3）解决问题：通过本单元的学习，学生能够结合所学语言，运用提建议的方式和句型，以口头和书面的形式有针对性地提出合理化建议。

完成这些目标不仅能够提高学生的语言能力，学生还可以通过本单元学习认识自我、丰富自我、完善自我，突出知行合一。

（三）实践英语学习活动观，促进核心素养的有效形成

《新课标》提出了指向学科素养发展的英语学习活动观，活动是英语学习的基本形式，是学习者学习和尝试运用语言理解与表达意义、培养文化意识和形成学习能力的主要途径。教师要从英语学习活动观的视角重新审视课堂教学设计的合理性和有效性，整合课程内容、优化教学方式。

案例 3　以北京师范大学出版社七年级下册英语教材 Unit 4 *Seasons and Weather* 为例。

本单元旨在引导学生了解气候和天气的变化，热爱大自然；合理计划出游，并在亲近自然的过程中，激发保护环境责任感，提升生态文明意识。

Lesson 12 *Summer Holiday* 文本中 Tim 通过一张明信片向朋友 David 介绍了自己的暑假计划并分别描述了假期要做的三件事：会见朋友、学习汉语、周游中国。在读后的环节教师设计了赏析和评价活动：对于 Tim 暑假的安排，请你按照由易到难排序，并说明理由。这是一个应用实践的活动，即在学习理解的基础上，教师引导学生围绕主题、结合自己的已知和所形成的新知识开展描述、分析和阐释，这一过程实现了对语言的内化，从而巩固新的知识结构，促进语言的运用。

（四）处理好教—学—评的关系，达到以评促教、以评促学

完整的教学活动包括教、学、评三个方面。课堂评价活动应贯穿教学的全

过程，为检测教学目标服务，以发现学生学习中的问题并提供及时帮助和反馈，促进学生更有效地展开学习。在教学实践中，我们鼓励教师倾听学生的声音，关注师生、学生之间有意义的互动，我们也建议教师不要过早给出好坏对错的评价，多为学生提供反思和调整的机会。

案例 4 以北京师范大学出版社九年级英语教材 Role Model 单元中 Lesson16 *Yao Ming* 一课为例。

第一遍阅读之后老师问 What do you think Yao Ming's greatest achievement is? Why? 这是一个开放型问题，答案不唯一。小组讨论之后老师叫三位同学回答，学生给出三种不同的答案。每位同学回答之后教师都做出了两方面的反馈，首先是对该观点稍作追问，使学生表达的意思更清晰，并对学生观点做出积极评价；第二，就某一处表达不准确的地方使用重复、提高音调或者 you mean… 的方式让学生进行自我调整和反思。这样的提问给学生留下的思考空间较大，有助于培养学生独立思考、自主学习的习惯。对于下一步的写作拓宽了学生的思路，而不是拘泥于单一形式和思路。这种启发式的问题，能够调动起学生更大的积极性，教师通过给予学生充分的鼓励和肯定，达到以评促学的目的。

（五）优化作业设计，使课程内容得到延伸和拓展

根据"双减"政策，作业的科学性和合理性是教师必须考虑的因素。作业不仅可以让学生巩固知识、培养能力、养成良好的习惯，同时还能帮助教师检测教学效果、改进教学方法，师生互补、教学相长。

案例 5 以北京师范大学出版社八年级上册英语教材 The Unexplained 单元 Lesson16 *Natural Abilities* 一课的作业设计为例。

要求学生结合其他学科的已知知识，进一步探索未知信息，解释教材中动物本能的科学性；或者仿写：要求学生仿照教材中故事的访谈形式，适当使用过去进行时，讲述一则体现动物本能的故事。

本课的作业设计不但考虑了可选择性，更是与教学内容紧密相关。通过

作业，教师可以考查学生对语言知识的内化程度，可以判断学生的思维深度，也可以检测学生对课外知识的延展程度。

四、效果、问题与建议

经过两个月的基于主题探究的单元整体教学实施和实践，我们有以下收获。

第一，教师更加重视主题意义的引领作用，对教学内容有了更全面的认识，对教学过程和环节有了更清晰的思路。每次的单元整体教学设计都是备课组老师共同研讨的结果。教师需要基于各语篇的主题意义，确定本单元的主题和子主题，再根据各子主题之间的联系和逻辑，确定单元教学目标和课时教学目标。

第二，学生主动参与内容的学习和问题的解决过程。知识结构图的呈现就是学生思维过程的反应，学生之间互评，也是信息的完善过程，同时学生可以借助板书内容对语篇内容进行转述；学生也可以据此进行总结和判断；还能根据自己的直接经验和设定的真实情景对板书内容进行补充和迁移。在师生互动、小组合作等教学活动中教师能听到更多学生的声音。

第三，在英语教研组内共享资源，丰富了教学资源库。"基于主题意义的单元整体教学设计与实施"既为本组下一个单元的整体教学设计提供了参考，也为其他备课组的单元整体教学设计提供了借鉴。而过程中积累下的设计、反思、案例也成为英语组改进教学水平的宝贵财富。

在教学实践过程中，我们也有一些反思，由于经验不足，可借鉴学习的成功案例有限，还存在主题意义探究不够深入的问题；有时教师自己急于说出答案，而没有给学生足够的空间和时间思考，课堂上仍然存在以教师为主导的现象。

针对以上问题，我们接下来的计划是：一是加强理论学习。继续研究《新课标》，并将《新课标》理念坚持运用到日常教学实践中去，把"英语学习活动观"的三个步骤运用到教师的学习过程中。二是坚持单元整体教学的实践。教师的专业成长促使我们继续并坚定地走单元整体教学的道路。

"双减"背景下指向地理核心素养的单元教学设计

李晓玲（人大附中石景山学校）

张爱弟（北京教育学院石景山分院）

"双减"政策提出学校要优化教学方式，提升学生在校学习效率。《普通高中地理课程标准（2017年版2020年修订）》（以下简称《课标》）中明确指出"重视以学科大概念为核心，使课程内容结构化，促进学科核心素养的落实"[1]。因此，以大概念为核心指向地理核心素养的单元教学设计，是培养学生地理核心素养的重要途径，是落实"双减"目标的重要措施。

本文以人民教育出版社《地理必修》第一册第五章第二节《土壤》为例，以"认识土壤及其与人类活动的关系"这一大概念为出发点，以地理核心素养为落脚点，从单元内容体系构建、单元教学目标设计、单元教学过程设计、单元教学评价四个方面，探究"双减"背景下指向地理核心素养的单元教学设计。

一、依据《课标》和教材提取大概念，构建单元内容体系

在"双减"背景和新课改的导向下，学科教学更加聚焦学生的核心素养发展，而要实现将学科素养落实在单元教学中，必须重视大概念的作用。大概念作为学习内容的整合器，是单元构建的重要线索和依据，可以提高学生的理

---

[1] 中华人民共和国教育部制定.普通高中地理课程标准（2017年版2020年修订）[M].北京：人民教育出版社，2020.

解能力和迁移能力，是培养学生核心素养的重要途径。❶而大概念的确定，必须深入分析《课标》和教材，构建单元内容体系，厘清概念之间的关系。

（一）单元对应的课标及解读

《课标》是教学实践的准绳，正确充分地解读课标，才能建立核心素养与课程教学的内在联系，发挥学科的育人价值。

本单元的《课标》是"通过野外观察或运用土壤标本，说明土壤的主要形成因素"。对《课标》的解读有三条：①能够运用地理工具，观察、识别、描述土壤的组成及其特征；②能够结合实例，说明土壤形成的主要影响因素；③能够在一定程度上描述和解释特定区域的土壤现象，并说明其对人类的影响，形成尊重自然、和谐发展的态度。

（二）教材内容分析

对教材的分析主要从重点内容、学习方法、教学内容与学科核心素养的对应关系等方面进行分析。

本单元重点内容是"说明土壤的主要形成因素"，方法是"通过野外观察或运用土壤标本"。本单元教学内容与核心素养的培养对应关系，可从三个方面理解：一是到野外观察土壤，以培养学生的地理实践力；二是认识土壤与自然环境的关系，以培养学生的综合思维；三是介绍土壤与人类活动的关系，以培养学生的人地协调观。

（三）提取大概念构建内容体系

基于《课标》和教材，提炼统摄本单元的大概念为"认识土壤及其与人类

---

❶ 姚建芳，念林飞. 基于大概念的高中地理单元教学设计——以"河流与人类活动的关系"为例 [J]. 地理教育，2022（6）：29-32.

活动的关系",在大概念统筹之下,利于培养学生高阶思维,达成学科素养。基于大概念建构的单元内容体系如图1所示。

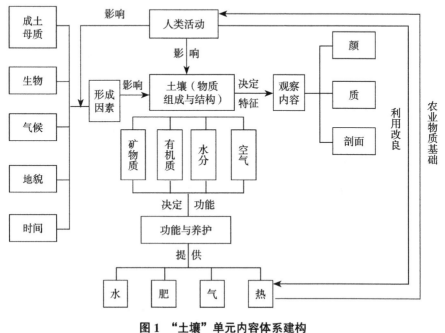

图1 "土壤"单元内容体系建构

二、基于学情,确定指向核心素养的单元教学目标

(一)学情分析

学生是学习的主体,通过访谈交流,深入了解学生在认知、实践、思维等方面的特点,才能科学确定单元教学目标。

在认知方面,学生能理解基本的地理概念和地理现象,但理解层次较浅,没有形成系统的知识结构;在实践方面,学生缺乏与土壤直接接触的机会,地理实践能力较弱;在思维方面,综合思维比较弱,对于各要素对土壤形成的作用,理解难度大。根据学情特点,在教学中要着重把握地理概念,构建知识结构,帮助学生厘清单元知识之间的内在联系。

（二）单元教学目标

单元学习目标的基本出发点是培养学生的地理核心素养。以大概念为统领的单元学习目标，可以帮助学生构建系统完善的知识结构以及形成认识事物的地理视角和地理思维，从而形成解决现实问题的思路和方法，最终提高学生解决问题的能力。

本单元的单元学习目标为"通过野外观察或运用土壤标本，说出土壤相关的概念和土壤的物质组成，描述土壤的特征，掌握观察土壤的基本内容和方法；能够结合实例，说明土壤形成的主要影响因素，能够在一定程度上描述和解释特定区域的土壤现象。"

各课时的学习目标是对单元学习目标的分解与落实，具体如下。

（1）第一课时：观察土壤。学习目标为通过观察、实验等方法，说出土壤的物质组成；通过野外观察及运用土壤标本，掌握观察土壤的内容和方法。本课时侧重培养学生的地理实践力。

（2）第二课时：土壤的形成因素。学习目标为运用图文资料，结合实践活动，说明土壤的主要形成要素，并据此解释常见的土壤现象。本课时侧重培养学生的综合思维。

（3）第三课时：土壤的功能和养护。学习目标为结合实例，说出土壤的功能和养护途径，辩证分析人类与土壤之间的关系。本课时侧重培养学生的人地协调观。

三、依托真实情境开展问题式教学，设计活动任务

本单元教学设计总体上遵循"实践先行—观察探究—案例分析—归纳总结—拓展应用"的思路展开，通过地理实践活动创设真实教学情境，帮助学生在真实情境中观察、体验、理解土壤。

（一）依托真实情境，围绕大概念开展问题式教学

依托真实情境构建核心问题，核心问题的设计应该指向大概念，而子问题指向核心问题，形成问题链，贯穿整个教学环节，培养学生调动知识的能力，以及运用学科思维分析问题、解决问题的能力。本单元的核心问题和子问题见表1。

表1 "认识土壤及其与人类活动的关系"核心问题及子问题

核心问题	子问题
土壤的特征、形成及功能与人类活动的相互关系是怎样的	子问题一：如何观察、验证土壤的基本特征和物质组成？举例说明土壤与人类活动的关系
	子问题二：影响土壤形成的因素有哪些？如何理解"土壤是环境各要素综合作用的产物"？
	子问题三：土壤的功能有哪些？人类对土壤养护的途径有哪些？

（二）设计驱动性任务，解决问题提升素养

在设计具体任务时，要以学业质量标准为依据，以考查学生思维能力、探究方法与技能运用水平为目的，要突出地理思想方法和探究技能的运用。● 本单元的驱动性任务和子任务见表2。

表2 "认识土壤及其与人类活动的关系"的活动任务

驱动性任务	运用地理的工具和方法观察土壤；结合具体案例分析影响土壤的形成因素；结合案例分析土壤的功能及保护土壤的途径
课时1子任务	1.运用观察、实验等方法，探究土壤的物质组成 2.运用校园附近的土壤标本，观察、描述土壤的颜色，绘制土壤剖面构造示意图 3.运用研磨、实验等方式，描述土壤的质地，说明不同质地土壤透水、蓄水功能的差异
课时2子任务	1.结合具体案例分析土壤特征与形成因素的关系 2.结合具体案例，对常见的土壤现象做出解释

---

❶ 中华人民共和国教育部制定.普通高中地理课程标准（2017年版2020年修订）[M].北京：人民教育出版社，2020.

续表

课时3子任务	1. 通过读图、案例分析，深入理解土壤是"自然环境的重要组成部分"，说明土壤的功能
	2. 结合案例，说明合理保护和利用土壤的途径

四、基于学科核心素养，科学设计单元教学评价

单元教学评价包括终结性测试和活动中体现核心素养的形成性评价，两种评价相结合可以更好地实现以评促学 [1]，引导学生学会思考和行动，促进学生学科思维和学科素养的提升。根据教学目标和学业质量标准，本单元的教学评价见表3。

表3　单元教学效果评价

评价目标	一般	良好	优秀
通过实地观察或运用标本，观察土壤	知道从组成、颜色、质地和剖面构造等方面观察土壤	能够说出土壤的主要组成物质、颜色分类、质地、典型剖面构造，并据此观察土壤	能够结合实例，说出土壤的物质组成、颜色、质地类型、剖面构造，并据此观察土壤，描述其特点
运用图文资料，说明土壤的主要形成要素，并解释常见土壤现象	能够说出土壤的主要形成因素	能够说出土壤的主要形成因素及其与土壤特征的对应关系	能够结合土壤发育的具体过程，说明土壤的主要形成因素及其对土壤特征的影响
结合实例，说出土壤的功能和养护途径	能够说出土壤的主要功能和常用养护措施	能够结合土壤在自然环境中的地位，说出土壤的功能以及养护土壤的途径和措施	能够结合实例，说出土壤的功能，说出土壤功能破坏的危害，提供养护土壤的途径和措施

本单元教学基于野外实践，开发资源创设情境，在课内外实践中突出地理学科特色。依托真实情境构建核心问题，并采用问题链贯穿整个教学环节，进行单元整体设计，突出在学习中培养核心素养，整体的教学设计和实施充分体现了地理学科的特色和育人价值。

---

❶ 林小红. 核心素养视域下单元教学设计探索——以人教版第五章《植被与土壤》为例 [J]. 中学地理教学参考，2020（13）：57-60.

指向教－学－评一体化的 小学语文大单元教学实践研究

——以六上第八单元为例

唐欣然（北京市石景山外语实验小学分校）

随着"双减"政策的推进实施，如何在减轻学生课业负担的前提下保障教学质量，实现课堂提质增效是义务教育阶段教学研究的重中之重。《义务教育语文课程标准（2022年版）》提出："教师应树立'教－学－评'一体化的意识，科学选择评价方式，合理使用评价工具，妥善运用评价语言，注重鼓励学生，激发学习积极性。"❶"教－学－评"一体化是指在课程实施中，以教育目标理论为指导，使学习、教学、评价之间彼此一体化，目标、教学和评估三者之间保持一致，是保证课程有效实施的一种基本策略。其关键问题是"学什么""如何学""如何评"。❷

本文中，笔者以《语文》六上第八单元为例，对"教－学－评一体化"理念下小学语文大单元教学的基本策略进行阐述。

---

❶ 中华人民共和国教育部．义务教育语文课程标准（2022年版）[M]．北京：北京师范大学出版社，2022.

❷ 曾知英．指向"教－学－评一体化"的语文教学实践研究——以统编教材八年级上册《白杨礼赞》为例 [J]．语文世界（教师之窗），2023（4）：33-35.

一、指向教 – 学 – 评一体化的大单元教学设计

（一）素养本位的单元设计

1. 打破界限的单元统整

在进行语文大单元教学设计时，应立足语文核心素养，进行单元主题提炼。六上第八单元以"走近鲁迅"为主题，包括鲁迅的作品《少年闰土》《好的故事》两篇精读课文和《我的伯父鲁迅先生》《有的人》两篇他人所写的略读课文，通过不同的视角和表现手法，从多角度展现鲁迅的形象，让学生能够初步了解其文学成就，感知其性格特点，体会其精神境界。

基于单元整体教学理念，围绕"走近鲁迅"这一主题，设计"走近鲁迅的作品""他人眼中的鲁迅""我眼中的鲁迅""有你，真好"四个板块，打破课文之间的界限，将阅读与习作紧密关联，为学生语文素养的形成提供基础。

2. 循序渐进地落实语文要素

本单元语文要素是"借助相关资料，理解课文主要内容"。这一要素的落实是在课文教学中有序推进的。《少年闰土》借助写作背景等资料，把握人物形象来理解课文；《好的故事》结合"阅读链接"，补充背景资料，把握课文主旨；《我的伯父鲁迅先生》结合相关时代背景资料来理解文中含义深刻的句子，以此感悟文章内涵；《有的人》结合本单元的课文和鲁迅相关资料，理解诗歌表现的思想感情。

在借助资料理解课文主要内容时，从教师提供资料到引导学生根据需求查找资料，最后达到学生自主查找资料、综合运用资料。在"教、扶、放"的过程中，逐步落实了单元语文要素，在阅读中习得表达情感的方法，扩展了学生的思维深度，感悟鲁迅的伟大精神，学生的语言素养、思维素养以及文化素养得到提升。

（二）基于学情，制定教学目标和内容

1.学生情况分析

在学习本单元内容之前，通过调查问卷了解学生对鲁迅的认识程度，大部分学生在课前阅读了单元导语，能够说出鲁迅是一位文学家、思想家、革命家；一些学生有一定的阅读经验，读过《朝花夕拾》《狂人日记》《故乡》等鲁迅的作品；还有个别学生对鲁迅了解甚少。

针对本单元语文要素，前期对学生进行了筛选资料能力的考查，考查材料的内容离学生年代较远，学生需要借助相关资料才能理解，教师提供了多个相关资料供学生进行筛选。经调查，仅有37%的学生能够选择出对理解文章最有帮助的资料。

2.教学目标与内容设计

遵循教－学－评一体化教学设计理念，结合教材内容与学生情况，设置以下教学目标。

（1）阅读与鲁迅相关的文学作品，能从多角度感受鲁迅形象，初步了解鲁迅的文学成就，体会其精神境界。

（2）能够根据不同文章的特点选择相关资料，充分发挥资料作用，理解课文的主要内容。

（3）关注场景及人物的细节描写，感受其对人物形象的塑造作用，联系生活实际，尝试塑造生活中鲜明的人物形象。

（4）选择一个人，运用第二人称叙事，通过事情写一个人，表达自己对这个人的情感。通过描述印象深刻的场景，把事情写具体。

依据教学目标，结合学生的认知能力，适时补充资料，设计教学内容（见图1）。

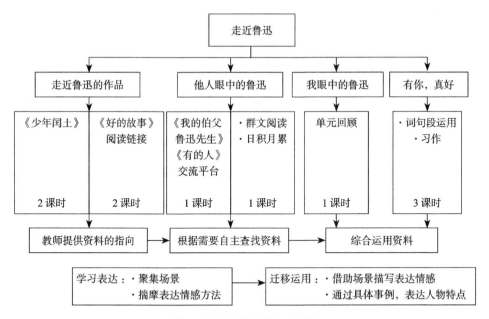

图1 单元整体教学内容框架

二、依托学习任务群的学习实践

（一）紧扣目标，架构学习任务

1. 创设情境，明确大任务

梳理整合教材内容，结合单元语文要素，确立了本单元学习任务——探究鲁迅作品中的人物形象。教学伊始，创设情境，在鲁迅诞辰140周年之际，开展以"难以忘却的纪念"为主题的鲁迅纪念活动，将单元内容整合，分为"走近鲁迅的作品""他人眼中的鲁迅""我眼中的鲁迅"三个板块并设计学习单（见图2），学生借助相关资料，多角度感悟鲁迅的鲜活形象。

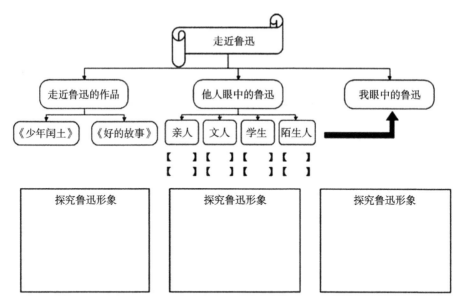

图 2　贯穿单元始末的课堂学习单

2.梯度任务，达成目标

六年级学生已经掌握了一些搜集资料的方法，通过自主学习，合作探究，循序渐进地完成四个学习任务。任务一，识字与写字：朗读课文，识写字词，理解词意。任务二，阅读与鉴赏：选读鲁迅作品，筛选相关资料，为鲁迅笔下人物形象建立"人物档案"。任务三，梳理与探究：梳理所获资料，进一步探究鲁迅想表达的情感，初步形成印象中的鲁迅。任务四，表达与交流：以"鲁迅，有你，真好"开头撰写纪念词。学生在完成任务的过程中积极主动地向目标迈进；教师及时评价，协助学生在活动中主动建构知识，为学生的反思改进创造机会。

（二）围绕语文要素的单元作业

1.提升素养的课后任务型作业

围绕单元主题，设计单元作业。从"人物表现与资料筛选""人物表现与资料运用""人物表现与情感表达"三个方面设计五项由浅入深、循序渐进的作业，形成了一个闭环式任务系统，既环环相扣又高度凝练（见图3）。学生在探究中增强了资料意识，拓宽了阅读和生活视野，锻炼了思维和表达能力，提升了语文核心素养。

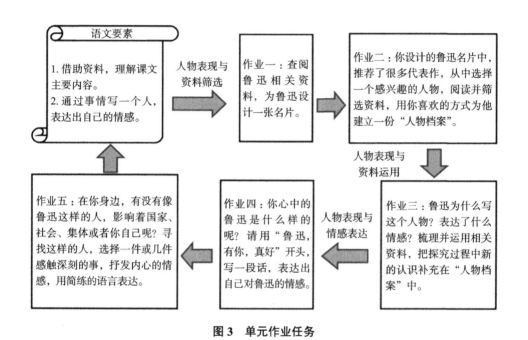

图3　单元作业任务

2. 梯度作业展现思维提升的过程

学习《少年闰土》后，鲁迅对少年闰土形象的细致刻画给学生留下深刻印象。学生进而要阅读更多鲁迅作品，抓住外貌、动作、语言、神态等方面的描写感受人物形象，简化成人物档案，学习表达方法，并迁移运用到自己的习作中，从而提升资料筛选和语言文字运用能力。

整合学习《我的伯父鲁迅先生》《有的人》时，学生结合课前查阅的时代背景资料，理解了"四周黑洞洞"的内涵，也感悟到鲁迅为国家、为人民无私奉献的可贵精神。课后进一步查找资料，探究鲁迅创作人物的意图，体会表达的思想感情。在不断丰富自己作业的过程中，学生愈加感受到鲁迅的精神力量，对资料的查找、筛选、梳理和运用能力也迈上一个新的台阶。

三、以多元化评价为理性的导航

（一）教学目标、活动目标、评价目标保持一致

1. 有效的学习活动及多元化的评价方式

学生从"对话鲁迅"的作业中深切地表达出"鲁迅，有你，真好！"在此基础上，寻找自己身边有影响的人以及典型事例，为选择写作对象和素材奠定基础。完成作业后，学生变身成"小老师"，从事例筛选和情感表达两方面进行同学互评，有的同学结合人物描写方法进行评价，有的同学关注了情感表达，有的同学给出诚恳的建议，还有的同学给予同伴暖心的鼓励，充满了亲切感。在此基础上教师针对作业进行点评，对学生的点评给予肯定，帮助学生围绕主题筛选材料，为完成整篇习作奠定了良好的基础。

2. 根据教学阶段进行评价

在布置任务前，教师将提前设计好的评价工具展示给学生，引导学生借助评价反思自己的思维过程和结果。在批改和评价不同教学阶段的作业时，侧重可以有所不同。在单元教学初期，以基础性作业为主，批改时着重于观察作业中透露出的学习态度，评价时多加鼓励。到了中期，要关注学生知识的积累与掌握情况，针对性地引导、总结。教学后期会出现一些拓展性作业，使学生的知识应用能力和发散能力得以体现；要帮助学生解决深层次问题，还可以在班级中展示优秀作业，起到榜样的作用。

（二）以评促教促学，优化教学效果

1.扩展评价主体，打通教学通道

学生自我评价时可以复盘自己的学习过程；同伴互评时可以发现对方的优点，改正自己的不足；教师要在学生提出独特的观点时，要给予积极的肯定和呼应，并加以追问引发学生更多思考。当学生的语言表达出现问题时，教师可以给出正确示范，引导学生发现问题并自觉纠正。在与学生自然的互动交流中保证评价的科学性、连贯性、针对性和实效性。学生成为学习与评价主体后，能够充分发挥自身的主体作用，打通教与学之间的通道，有效实现核心素养的培育目标。

2.过程性评价，指明改进方向

学生完成"鲁迅为什么要写这个人物？"这一任务后，教师根据作业反馈发现学生资料查找得不全面，在梳理运用相关资料，探究作者写作意图方面，能力较为薄弱，出现了畏难情绪。此时教师应先对学生已完成的部分给予肯定和鼓励，再给他一些解决问题的方法指导。教师提供以鲁迅弃医从文经历为主题的相关资料，或一些他人对鲁迅笔下人物形象的点评，以及鲁迅纪念馆的网址信息等，学生可以根据自己的需要从中挑选有价值的资料，继续完成探究任务。这样就将对错评价转换成过程性指导，让评价更有温度，让学生更有信心，让作业更有创新。

小学数学"教–学–评"一体化的单元整体教学研究

——以《万以内数的认识》为例

沈艳春（北京市石景山区金顶街第二小学）

在进一步落实"双减"政策过程中，本文以"教–学–评"一体化单元整体教学实践研究为基础，对该研究的意义进行阐述，以案例的形式对实施流程进行详细说明，为探索减负增效的实施途径提供可操作的策略。

一、为什么要进行"教–学–评"一体化单元整体教学研究

（一）落实"双减"政策，达到减负增效目的

在落实"双减"政策过程中，除了要减掉机械、无效作业外，更重要的是学校要开齐开足开好国家规定课程，提高课堂教学质量，提升学生在校学习效率，让每个学生在校内能够学得会、学得好、学得足。❶《义务教育数学课程标准（2022 年版）》（以下简称《标准》）指出：重视单元整体教学设计；发挥评价的育人导向作用，坚持以评促学、以评促教。可见，《标准》的相关要求为我们提质增效提供了有效路径。

---

❶ 中华人民共和国教育部. 义务教育数学课程标准（2022 年版）[M]. 北京：北京师范大学出版社，2022.

（二）实现"教－学－评"协同一致

当前我们的教学，教－学－评还不能很好地"协同一致"，课程标准的要求与学生所学、教师所教的实际并不太吻合，因此有些学习是无效的。我们如何更有效地发挥评价的作用，达到教－学－评协同一致？要实现教－学－评从分离走向一体化，依据逆向教学设计理论，我们从学习结果开始思考，尝试进行"教－学－评"一体化的单元整体教学研究。

二、什么是"教－学－评"一体化

"教"即教学，这里主要指教什么，怎么教，教的效果如何。"学"即学习，这里主要指学什么，怎么学，学到什么程度，学习结果表现是什么。"评"即评价，这里主要指表现性评价，既包括单元评价量规的研制，也包括课堂教学评价量规的研制。这里所说的"教－学－评一体化"是以逆向教学理论为依据，从学习结果开始逆向思考。[1] 主要分为三个阶段，阶段一：确定预期结果；阶段二：确定合适的评估证据；阶段三：设计学习体验和教学。

三、如何进行"教－学－评"一体化单元整体教学

以人民教育出版社二年级数学教材下册第七单元《万以内数的认识》为例。

（一）解读学习内容，聚焦核心概念

数的认识是小学阶段数学学习的重要内容，贯穿于小学数学学习全过程。整数的认识大致分为四个阶段：10以内数的认识、100以内数的认识、万以内数的认识和大数的认识。通过本单元的学习，学生将认识一个完整的数级，对

---

[1] 威金斯，麦克泰格.追求理解的教学设计（第二版）[M].上海：华东师范大学出版社，2016.

数的结构、十进制的计数规则以及位值原则形成系统化、结构化认识，这种认识还将迁移到大数学习中去。"万以内数的认识"是整数认识的关键阶段，是一次质的飞跃。

本单元内容较多，包含三大部分共 13 个例题。传统的教学是把这些内容当作一个一个的知识点进行散点式的学习，而单元整体教学首先要挖掘出支撑整数学习的大概念，通过少量主题的深度覆盖打通整个单元的学习，使学生所学内容系统化、结构化，达到减负增效目的。

无论整数、小数、分数，数的本质结构都是计数单位与其个数乘积的累加。结合本单元所学内容来看，数数、数的组成、数的读写、数的大小比较以及数的计算与近似数，都离不开计数单位的支撑。因此，本单元的学习将围绕"计数单位"这一大概念展开。由于整数、小数采用的都是十进位值制记数法，十进制、位值也是本单元学习的重要概念。

（二）确定预期结果，制定评估证据

1. 确定预期结果

《标准》中对本单元学习内容提出相应的要求，对照《标准》中不同水平行为表现的描述，不同的学习内容应达成"了解、理解、掌握、运用"四个水平。如：了解水平——知道用算盘可以表示多位数；了解符号 <、=、> 的含义。理解水平——在实际情境中感悟并理解万以内数的意义，理解数位的含义；能说出不同数位上的数表示的数值。掌握水平——会比较万以内数的大小；能认、读、写万以内的数；能用符号表示数的大小关系。运用水平——探索加法和减法的算理与算法，会整数加减法；在解决生活情境问题的过程中，体会数和运算的意义。这使我们对单元内容应达到的预期结果有了清晰的认识。

2. 制定评估证据

结合预期结果、教材分析和部分学生调研分析，基于"计数单位"这一概念，将本单元学习中学生对计数单位的认识水平和具体表现描述如下（见表 1），以此作为单元评估的证据，也可称为评价量规。

表 1 《万以内数的认识》单元评价量规

水平划分	水平 1	水平 2	水平 3	水平 4
	了解	理解	掌握	运用
具体表现	能结合直观模型感受计数单位的特征；能将计数单位和与其对应的直观模型建立联系	对所学过的计数单位有整体性认识，能将计数单位排序，并说明计数单位之间的关系	能运用计数单位进行数的分解与组成、读写数、进行数的大小比较等	能结合具体情境，选择适当的单位进行计算和简单的估算

有了这样的评价量规，我们对学生学什么，学到什么程度，具体表现是什么，达到什么水平，有了清晰的认识。

（三）利用评价量规，调研分析学情

1. 关于"计数单位"的认识

为了解学生是否具有单位的概念，教师设计如下调研题目：请你画一画或者写一写，分别表示出 100、1000、10 000 在你心目中的样子。通过调研发现：

①大约 60% 的学生尽管认识一、十和百，也听说过千和万，但还不能把 100、1000、10 000 看成一个整体，单位概念还没有形成。② 18.2% 的学生有单位的意识，但对计数单位的特征和单位间的十进关系缺乏感受和认识，需要具体、形象的直观模型支撑。③学生对计数单位的认识处于水平 0 到水平 1 之间，由此我们找到了学生学习的起点。

2. 计数单位对单元学习的促进作用

为了解计数单位等重要概念在单元学习中发挥的作用，我们采取对比的方式，对数的读写进行调研。先让学生在空白纸上写出老师读的数，其中 83.1%

的学生可以正确写数；同样的学生，让他们在数位表中写出老师读的数，正确率提高到 92.2%。由此可见，计数单位、位值思想对学生数的学习发挥着重要作用，这也为形成本单元的教学策略提供依据。

3. 本单元的教学策略

（1）赋予"计数单位"具体形象的直观模型。在呈现教材中提供的"第纳斯方块"之前，先为学生提供一组透明的"小盒子"，让学生经历装盒打包的过程，用装有学具的大小不同的盒子来对应大小不同的单位，再把"小盒子"与"第纳斯方块"建立联系，将抽象的计数单位及单位间的十进关系以具体形象的方式植入学生心中。

（2）让"计数单位""十进制""位值"这些重要概念贯穿单元学习的始终。

（3）不断对照评估证据，及时了解学生进阶水平。

（四）重构单元内容，设计学习活动

基于以上分析，制定本单元的 TUKE 目标（见表 2）。

表 2 《万以内数的认识》单元教学目标

T 目标	1. 能够将百以内数的计数规则、读写、数的大小比较和计算等方法，自主迁移到万以内数的相关学习中
	2. 能够将万以内数的计数规则、读写、数的大小比较和计算等方法，自主迁移到亿以内和亿以上数的相关学习中
U 目标	1. 在现实情境中理解万以内数的意义
	2. 经历自主探究整百、整千数加减法的算理，理解相同计数单位的个数可以直接相加减
K 目标	1. 借助直观模型，认识计数单位千、万，对单位之间的关系有系统的认识
	2. 能运用计数单位进行数数、数的分解和组成（含算盘）、读写数、进行数的大小比较等
	3. 能进行整百、整千数加减法的口算，在实际情境中自主选择适当的计数单位进行简单的估算，并解决实际问题
	4. 会用万以内的数表示日常生活中的事物，并进行交流

续表

E 目标	1. 感受十进制计数规则的简洁
	2. 感受计数单位的价值
	3. 感受大数在生活中的广泛存在性

　　基于单元目标和评估证据，对本单元学习内容进行重新架构，将原有教材中分两段进行的千以内数的认识和万以内数的认识整合为一段，依据计数单位的学习进阶水平，整体架构单元内容。首先学习《数一数》，了解计数单位，强化十进关系；接着，制作数位顺序表，理解计数单位，形成结构化认识；进而学习万以内数的读写、组成、比大小等，使学生在理解的基础上掌握计数单位，深化位值思想；最后，运用计数单位进行估数、加减法计算和解决问题。

　　调整后的单元结构见图 1。

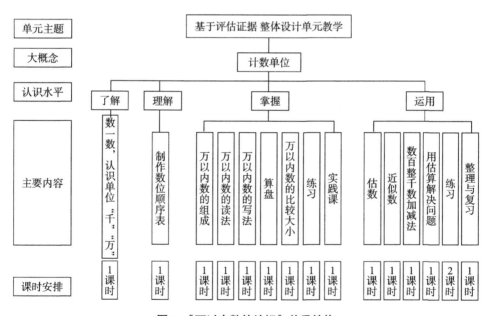

图 1　《万以内数的认识》单元结构

　　在重组单元整体内容基础上，设计每课时表现性学习活动。再不断对照评价量规进行持续性评价，促进学生对"计数单位""十进制""位值"的理解，由低水平向高水平发展。

（五）开展持续评价，实现学习进阶

《数一数》是本单元起始课，对照评价量规，通过对学生课堂表现的观察，明显感觉学生对计数单位的认识已经从水平0到水平1之间顺利达到认识水平（水平1）；通过对数位顺序表的整理，学生对计数单位及单位间的十进关系有整体性、系统性认识，说明学生从认识水平进阶到理解水平（水平2）；在学习数的读写、数的大小比较等内容时，小盒子、方块图、计数器等直观模型会一直伴随学生整个单元学习，促进学生对计数单位、十进制、位值等概念在理解的基础上逐步达到掌握水平（水平3）。

为体现单元内容整体性，促进数的认识与数的运算之间的关联，体现数与运算的一致性，在进行本单元《整百、整千数加减法》教学时，设计"画图（或其他方式）说明200+300=500的道理"的表现性任务。通过整理和分析学生课堂表现，92.1%的学生能够结合具体情境选取合适的计数单位进行解释说明，说明学生对计数单位的认识达到运用水平（水平4）。

四、结语

"教－学－评"一体化的单元整体教学，以大概念为主题，以学习目标为导向，以评价量规为依据，教师能根据学生的表现，随时了解学生的进阶水平，真正实现以评促学，减负增效的目的。教师只有在实践中不断尝试，总结经验，才能真正体验到"教－学－评"一体化单元整体教学的效果。

第三篇

协同视野下依托课题落实"双减"要求优化作业设计的研究

优化语文作业设计，落实"双减"提质增效

——小学语文作业设计初探

郝树萍　刘晓群（北京市石景山区古城第二小学）

为了落实"双减"政策、满足学生需求，根据《义务教育语文课程标准（2022年版）》和学情，北京市石景山区古城第二小学建立"作业超市"，分层实施，以作业设计撬动课堂改革，取得了显著成效。本文以三年级语文作业设计为案例，介绍本校语文作业设计的背景、优化路径和特色。

一、语文作业设计的问题与背景

以往的语文教学中，作业设计存在形式单一、重基础忽略拓展、分层不够清晰等问题，难以满足不同学生的学习需要。随着"双减"政策及《关于加强义务教育学校作业管理的通知》的出台，明确提出了要切实减轻学生作业负担；科学合理地进行单元作业设计既可以有效检测教学成效，又能满足学生的多元需求。

二、语文作业的优化路径

（一）从单元视域研读教材，找准方向

1. 抓住教材特点，找准教学着力点

要想让作业设计有实效，教材解读是关键。教师通过对教材的深入解读，

深入领会大单元教学的理念，实现在大主题、大任务、大情境观念下，对学习内容进行分析、整合、重组，将作业设计和教学有机统一起来。

2. 设置驱动任务，教学与作业相结合

"双减"背景下，2022 年，《义务教育语文课程标准（2022 年版）》的出台，为政策落实提供了课程依据和专业支撑。其中，"学习任务群"的提出，使得教师更加明确语文教学要注重整体安排，要从学生的生活实际出发。通过任务驱动式作业来创设活动情境，用"三课三单"将作业指向知识目标、能力目标和素养目标，形成必备的语文能力和素养。

例如，统编版语文三年级下册第六单元的作业设计就是以单元为载体，依据单元目标，在对单元教学内容的分析和对学习者学习要求分析的基础上，聚焦单元"走进我们的童年生活"这一基于真实情境的主题活动，根据"走进童心"和"写出童趣"两条主线，整体规划教学结构，系统设计"画面觅童趣""游戏葆童真""往事悟童情""妙手写童心"四大学习任务群，明确各课时突出学科素养发展的关键点，实现知识发展、认知发展、问题解决三线交织，引导学生纵向深入的结构化学习，在"学—用"中提升语文能力。

（二）以教学目标为设计依据，落位精准

基于大单元教学目标的作业设计中，作业目标先于作业内容而存在，教师需要找到教学目标与作业目标的切合点，进行有效作业设计。

鉴于此，单元的作业设计可以分为基础型、拓展型和实践型，直接指向学科的知识目标、能力目标和素养目标，并通过"三课三单"呈现：基础型作业突出"精"，精练提质；能力拓展型作业体现"实"，注重能力提升；应用实践型作业则指向"明"，凸显学生思维过程。这样一来，体现出单元作业设计的结构化、整体性，以及课时作业的关联性和递进性。

（三）以"三分诊断"具体实操，精准施策

学校将作业设计纳入教师教研体系，通过精心的作业设计，给学生提供自主选择空间，通过分层指导、全过程监控，优化作业管理，有效减轻学生作业负担。

1. 分层布置，严控作业总量

学校通过"作业超市"将每天的学科知识类作业、每月的单元实践类作业、每学期的项目式研究类作业相结合，助力学生素养提升。

学科知识类作业，分为基础＋提高，基础为必修，即整理课堂笔记、纠错本等形式，夯实学业基础；提高为选修，通过梳理单元知识思维导图，构建知识间的联系，提高学生自学习力。实践类作业则注重课内外衔接，五育融合。开放多元的实践性作业，学生可根据自己的需求，难易程度的不同，必修选修结合，合理安排时间，达到知行合一。探究类作业以项目式学习方式来推进。语文学科以"书旅"研究性学习为支架，基于问题展开"全学科阅读"，最终形成"小课题"研究报告和文创作品等。

2. 分层辅导，满足不同需求

利用课后作业辅导时间，打破年级、班级界限，骨干教师、干部带头，结合学生实际情况，提供答疑、培优、提质分级分层的指导，做到"按需施教"，满足不同学生的学习需求。

3. 分段检查，加强质量监控

坚持分阶段作业检查制度，一则加强分年段的作业问题解决策略研究，实施"三深入"，确保精准深入；二则通过学期初、学期中、学期末的抽查、互查、交流分享相结合的方式，进行全过程质量监控，保障作业质量与教学效果。

三、语文作业设计的效果与特色

（一）效果评价

构建教 – 学 – 评一致性的课时作业是落实《义务教育语文课程标准（2022年版）》和学科核心素养的有力举措，是确保课堂教学质量的关键。为此，在单元视域下设计以单元整合为核心的教 – 学 – 评一体化作业，将"设计—教学—评价"相融合，从单元任务群入手，具体到课时教学，直至学习单的落实，整个单元形成一条良性作业链，在教与学的同时，突出"评"的功能，以评促学、学作相融。

以统编版语文三年级下册第六单元的作业设计评价为例：基于单元视域下的作业设计，需要针对本单元的阅读要素和表达要素进行评价。本单元以"品读名篇感受童年"作为单元作业的主体任务来落实语文要素，每项作业都承载着落实要素的方法与途径。落实阅读要素时，五个作业设计体现的就是理解难句方法的层级性，由单一方法的学习走向多种方法的灵活运用，最后到习得方法的内化与提升，层层赋能，扎实落实阅读要素的全过程（见图1）。

根据图1作业的整体设计，要通过评价来检测学生对于知识能力掌握的程度，为此制定了表现性任务评价量表，关注评价的层级性和递进性。学生在课后自评中显示的获取单元知识的比例也比较均衡，可见，对于本单元的知识要点还是能够掌握的。

（二）设计特色

1. 坚持目标导向和应用性

语文作业设计一方面聚焦学科核心素养，围绕教学目标设计作业，关注必备知识基础的夯实，落实立德树人根本任务，一方面关注视野拓展、体验探究、思维发展和迁移应用能力的培养，引导学生学以致用。

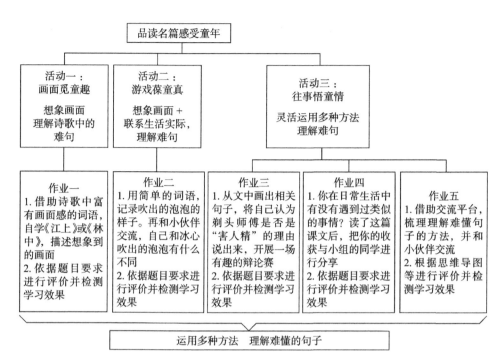

图1 单元作业统整图

2. 选择多样化和趣味化

作业形式灵活多样，根据学习内容设计基础练习、阅读、习作、综合性学习等涉及听说读多感官参与的不同类型的作业。作业设计符合学生年龄和心理特点，生动有趣，让学生在完成作业的过程中产生愉悦的情感体验。

3. 体现层次性和个性化

既设计面向全体学生的巩固性作业，也要充分考虑不同层次学生的学习现状，设计不同梯度、不同功能的层级作业，满足学生的个性化需求。

总之，"双减"政策下，学校优化语文作业设计是一项很有价值的教育创新实践：建立"作业超市"，分层实施，以作业设计撬动课堂改革。老师在研究中锤炼素质、提升业务，学生在研究中有效学习、快乐成长，以此满足学生学足、学好的需求。

借"轻食"配餐作业，助"双减"平稳落地

吕　华（北京市第九中学分校）

"时教必有正业，退息必有居学"。❶ 这是《学记》中有关作业的论述。"退息必有居学"，是指学生的作业既有对课堂教学的补充和延伸的练习内容，也包括学生在课余时间开展广泛的兴趣和爱好这方面的内容，就是我们现在广义的作业。可见从古至今，作业作为有效教学的重要组成部分，都承载着对学生知识与能力的训练、情感态度和价值观的培养与熏陶的重任。我们的祖先用"民以食为天，食以安为先"强调饮食对于民众生计的重要性，套用此俗语，学业对学生的重要性是否也可表达为——"生以业为天，业以优为先"。

"双减"政策发布后，"减轻学校作业负担"受到极大关注。如何减负增效，就如同怎样让美食与健康兼得一样让人纠结。而"轻食主义"这个新兴概念引起了笔者的注意。❷ "轻食"多指低卡路里、低脂肪、高纤维、制作简单、原汁原味、健康营养的食物。它不只是特定食物的形态，还是一种积极阳光的生活态度。轻的不只是餐品，更是食用者的无负担，无压力，更营养，更享受，更美味，它一定是美食，一定很健康。能不能借"轻食"概念，寻找减轻作业负担的新思路呢？笔者特别喜欢"轻食"中简约而不简单，注重饮食健康的理念，能将其引入作业减负，不正是要寻求减量而不减质，注重学习质量和效率的最终目标吗？

一、"轻食"作业之一：减作业≠无书面作业

"减轻学校作业负担"就像一根线，一头连着家长学生，另一头连着学校教

---

❶ 周家翠.语文作业设计：一方待精耕的沃土 [J].语文教学之友，2011（2）：26.

❷ 地道风物.轻食是一种生活态度，别太追求条条框框 [EB/OL].（2020-01-14）[2023-05-01]. https：// baike.baidu.com/tashuo/browse/content?id=3b843d6afcd8d10e5b245f3a.

师，是直接关系学生全面发展和健康的大事。应该如何解开家长担心孩子因减少作业而成绩下滑的"心结"，让"双减"政策真正落到实处呢？

首先是教师、学生和家长都应该明确，减作业之负不是不留作业，更不是无书面作业，而是要发挥作业"温故知新"的作用，帮助学生巩固所学的知识，在实践中运用知识，拓宽视野获得新的认识，从而得到提高。就如同"轻食 ≠ 素食"，摒弃的是重油重味的素菜荤做的方式，保留的是营养和健康，可谓化繁为简。

其次是必须改变作业观，把快乐、主动、有效作为教师布置作业、学生完成作业、家长关注作业的前提，这样才能减负增效。"双减"在给学生减负的同时，实际上是给教师"出考题"，教师要自我"增压"。"增压"就是把以往批改作业的时间拿出来研究课程标准、研究教材、研究作业，形成良性循环。课堂上要精讲精练，分解教学目标，化整为零，提高学校教育质量，让学生在校内学足、学好，家长们的焦虑就会自然缓解，从而有效降低家长自我增压的行为。

最后是"轻食"作业要强调简约而不简单，减量而不减质。初中学生每天书面作业平均完成时间不超过 90 分钟，分配给每科的作业时间也就二十分钟左右。这就好比"轻食 ≠ 节食"，不能盲目地将热量摄入削减到身体无法承受的程度，而是提倡在一定热量限制内，尽量选择饱腹感强的食物。减负作业的设计也要以质求胜，选择具有代表性、典型性、趣味性和有生活气息、充满时代感的作业，砍掉重复、机械、陈旧过时的作业，达到质高而量精。

比如在指导学生阅读名著《骆驼祥子》时，布置了创意作业——"假如祥子有朋友圈，会发生些什么"。要求学生在符合原著内容的原则下，用祥子的口吻发一条朋友圈。然后结合原著中出现的人、事、物对该条朋友圈进行评论，并找出原著相应文字依据。这样贴近现代有创意有趣味的作业，让学生能主动整体阅读名著，并在阅读后有更深入的思考，对书中的人物有更深的理解。学生不再是被动地完成阅读，而是爱做、乐做、积极做，从朋友圈封面、昵称、头像、文字、配图等各个方面进行了设计，紧紧抓住了祥子的生活经历。而在祥子的"朋友圈"里，虎妞、小福子、刘四爷、曹先生等也通过留言表现了他们鲜明的人物特征，书里的内容和人物深深映入了学生的脑中。面对这样的作业，学生恐怕不但不愿意减省，还希望多多益善吧！

所以作业设计减去的应该是无效、重复、机械性的作业，提倡的是落实自主性，注重趣味性，体现灵活性，追求创新性，彰显人文性的减量而不减质的"轻食"作业。

二、"轻食"作业之二：少数量提质量，重搭配均营养

"轻食"特别提倡吃饭7分饱的状态，说白了就是不让你吃饱。《黄帝内经》有记载："饮食自倍，肠胃乃伤"，明确指出饱食会给人们的健康带来害处。"食不厌精，脍不厌细"，作业减负也要减数量、提质量、重搭配、均营养，不搞题海战术、无效作业。作业时间如何控制，文理如何协调，怎样搭配作业既能精简又能保质？关键还在于一个"配"字。炒菜前，厨师要先设计菜品、配菜、均衡营养。布置作业前，老师也需要分析学生现状，明确学生层次，制定作业配餐方案，设计出不同时间段的作业布置内容要点，做到时间搭配、文理搭配、难度搭配。

（一）分层作业，精烹细配

老师在设计作业时可按作业难易程度和学生实际接收能力的高低实行"科学配餐"。在总量符合减负标准的前提下，把一份作业题分为高中低三个档次，关注到好、中、弱三方面的学生。本着"重基础、重本质、重联系"原则，布置全体作业应以中等题为主，以中等生完成的量配置，兼顾优等生和学困生，注意全体发展。所有作业内容也要和当天课堂复习内容紧密结合，让大部分学生都能够"按需进餐，科学配比"。这里还要特别兼顾"双减"政策中提到的，个别学生经努力仍完不成书面作业的，也应按时就寝，确保充足睡眠。遵循教育规律，一切学习从有利于学生身心健康成长出发，才是布置作业的核心原则。

（二）作业避让，总体协调

如何将作业总量控制在 90 分钟以内，也是作业减负中一个棘手的问题，提前规划制定适宜的作业避让制度非常重要。有些学科课时少，比如历史、生物、物理等学科只有当天有课才允许留作业，而且要按周进行总量控制。语、数、英三科课时多且知识量大，也以当天有课作为布置作业的基础，每天重点有两科留书面作业，另一科则留背诵记忆等非书面作业，并且一周保证这三科至少有一天的免作业日（见表 1）。这样既能控制作业总量，限定时间，还能文理搭配，让学生有充足的时间进行各科目的复习与反思，老师也可借作业的安排指导学生规划自己的学习。

表 1 初一年级免作业安排

班级	周一	周二	周三	周四
初一 1	语文	英语	【免作业日】	数学
初一 2	语文	英语	【免作业日】	数学
初一 3	数学	英语	语文	【免作业日】
初一 4	【免作业日】	英语	语文	数学
初一 5	数学	英语	语文	【免作业日】
初一 6	【免作业日】	英语	数学	语文
初一 7	数学	英语	语文	【免作业日】
初一 8	语文	英语	数学	【免作业日】
初一 9	数学	英语	语文	【免作业日】
初一 10	【免作业日】	英语	语文	数学

（三）作业超市，各取所需

前面提到"轻食"提倡吃 7 分饱，但是吃饭前可以准备一些健康的零食，如酸奶、少许坚果等，在察觉到饿时吃一些，就不会影响健康了。"轻食"作业同样也需要增加更多自主性，有可供选择的不同作业形式，允许学生进行统一作业和自主作业的选择和组织。开设"轻食"作业超市就是要达到按量挑选、各取所需这一目的。以语文作业为例：语文教学的核心素养，就是指培养学生的"听说读写"能力。所以可以设置"听、说、读、写"四大板块作业，将"读、写"定为"主餐"，"听、说"定为"辅食"，指导学生按"主食＋辅食"有机搭配。刚开始可以先由老师布置，随着学生对语文学习的深入，可以逐步放手让学生自选"辅食"，慢慢地视效果再放开让学生自主安排每天"听、说、读、写"的自主作业。"我的作业我做主"，最终让学生真正成为作业的主人。

三、"轻食"作业之三：循序渐进，长期坚持

近年来，减负早已不是什么新鲜话题，各地教育管理部门不断出台各式"减负令"，帮助学生减少学习的压力。政策要真正发挥效果，还要在落实上下功夫。现在的"双减"工作也正在实施试点先行、稳步实施的政策，只有科学研究，循序渐进，长期坚持才能更好地实现减负的终极目标。

（一）教师篇

科学布置作业的整体过程是一个有机的系统，要将作业设计与实施纳入教研、师训范围，每学期组织开展专题教研活动，不断提升教师作业设计、布置、批改、分析、反馈、辅导能力，有效掌握各类作业的实施方法。然后推行作业改革，实施校本作业，提高作业针对性。以学情为依据控制难易程度，从课堂学习实际出发，设计有梯度的作业。还要充分加强学科教师之间的相互协作、共同探讨，尽可能地优化教学中的每一环节，以便最终达到减轻学生作业负担，同时提高教学效率的目的。尝试研发与教材和课程标准相配套的练习，建立学科作业资源库，推动优质作业资源共建共享。

（二）家长篇

"双减"政策目标是进一步推动学校教育和家庭教育回归各自的角色。家长应该更加密切加强家校联系，了解孩子的学习和身心状况，制订有针对性的家校联动教育方案，构建和谐家校关系。指导孩子合理利用在家时间，督促孩子按时就寝，确保充足睡眠。更新育儿观念，融洽家庭氛围，将重心转移到培养孩子习惯上来。对老师布置作业情况和孩子在家完成作业的情况进行监督评议，提出可行性建议，配合学校落实"双减"及"五项管理"各项措施，形成家校协同育人合力。

有人说："食物的终极意义在于获得幸福感。"轻食主义＝简单＋适量＋健康＋均衡，这是一种积极阳光追求幸福感的生活态度，最终目的在于健康，需要循序渐进，长期坚持。而"轻食"作业借用其理念，也是想要建立一种科学的作业观、健康发展观，坚持育人为本，遵循教育规律，减轻学生和家长压力。当作业不再是一种负担，而是学生学习生活中最灵活的部分时，他们会体验到更多学习和创造的快乐；当作业不再是套住手脚的桎梏，而是放飞学生灵性的空间时，他们定会释放出更多学习和创造的激情。学习方式改变了，孩子自然也会改变，一切从"双减"起步！

核心素养统领的大单元视域下的英语课堂教学与作业的一体化设计

王艳平（北京市第九中学分校）

"减负"政策促使教学走向内部质的提升，即实行与减负目标和价值相一致的课堂教学与作业的一体化设计，重塑教育教学生态和教学新体系。

《义务教育语文课程标准（2022年版）》将学校课程与社会发展联系起来，将学生置身于真实情境中，探究现实生活问题，搭建知识与实际生活的桥梁，促进学生有意义学习的发生。教师在教学设计中不仅需要从整体上思考核心素养、教材内容、教学主题、教学目标、教学内容，教学活动和教学评价等，作业内容作为课堂教学的课外延伸和一种评价方式，也要融入整体设计中。《义务教育语文课程标准（2022年版）》大单元设计理念开启了教学与作业一体化设计的新思路。

一、明确课堂教学与作业一体化设计的理念

课堂教学与作业的一体化设计是立足培养学生核心素养，研读教材与课标、确立学习内容，在大主题的分析、大单元的确立和大任务的构建基础上，统筹和组织教学内容，明确教学目标，构建联系真实生活的学习活动、学习评价和作业反馈的具有系统性、关联性和递进性的结构化设计。[1]在一体化设计时，要

---

[1] 房涛. 核心素养导向下的大单元教学 [J]. 湖南教育（B版），2022（9）：28-30.

始终"发挥核心素养的统领作用"[1]，思考目标和达成目标的有效途径，设计能检测出学生是否达成目标的作业。落实核心素养的总目标需要学生有效完成每个学段、单元、课时一体化的逻辑关联的学习过程。

二、明确课堂教学与作业一体化设计的思考维度

（一）确立学习内容，明确大单元主题和大单元目标，设计学期项目化作业

课堂教学和作业提质的载体是教学内容的控制和作业的优化设计。首先，整体梳理教材，分析一学期教学内容涵盖的文化主题和学段特征及它们的逻辑关联点，以及教学内容和容量。其次，研读核心素养学段目标、课程内容六要素和学业质量标准，分析教材的图文表达，挖掘教材中核心知识承载的核心素养，结合学情分析，明确大单元主题和目标。最后，思考实现核心素养目标的探究性学习和反馈学习效果的活动，即一个具有开放性、探究性和自主性的有意义的项目化作业。适当运用信息化手段，让每位学生有机会参与学习活动并"呈现自己富有个性色彩的语言表达"[2]。在辅助支持、个性化指导和监测学习活动的过程中，考查学生参与活动的表现和完成任务的质量、语言表达准确性和流畅性的程度、对问题思考的深度和广度，以及围绕项目化学习过程中所形成的知识结构、思维能力、价值判断及学习自觉性。

以北京师范大学出版社英语教材八年级上册为例，教材包含 6 个单元，涵盖三大主题。教材内容包括"我"与社会、自然建立联系，学会与他人建立良好的人际关系，为他人、社区提供力所能及的帮助，学习运动员的体育精神，树立健康生活的理念，学会防范自然灾害的基本措施，学会自我保护。依据主

---

[1] 中华人民共和国教育部. 义务教育英语课程标准（2022 年版）[M]. 北京：北京师范大学出版社，2022.

[2] 钟启泉. 课堂研究 [M]. 上海：华东师范大学出版社，2016.

题内涵，划分为 4 个学习组块。

围绕体育精神、团队精神、友好互助和健康的生活方式四个大单元主题和目标，结合学校开展的系列活动，设计一个项目化作业 :《校园之星》。栏目征集大家身边学习榜样及其事迹的视频及文章，请同学们积极投稿。具体要求为："请你结合访谈节目形式，运用所学语言，采访身边参与冬奥活动的金帆舞蹈团一位同学或参加学校运动会、科技赛、足球赛和篮球赛等活动的一位同学，录制访谈视频，然后撰写所采访同学事迹的文章，以体育精神、团队精神或助人精神为主题，了解身边同学参与活动的经历和他们的真实感受，交流和表达个人情感和观点。"作业时长为 2 个月，期间老师分散利用 5 个课时完成导入、布置任务、帮助学生选定采访目标和制定采访计划、融合多学科教师指导学生完成作品，然后学生以小组形式交流作品，反思和调整作业，最后班级分享展示和汇总投稿。以《义务教育语文课程标准（2022 年版）》中的相关描述来检测学期学业成就表现。

（二）研读单元语篇和核心素养学段目标，确定单元核心目标和任务，细化课时核心目标和任务，设计可视化、可检测的单元作业

要达成核心素养学段目标的项目化作业，需逐层分析每个单元高阶能力的形成样态。结合学生已知、本单元新知和学段心理特点，研读课标分级目标和单元语篇，明晰单元核心目标和任务，细化课时核心目标和任务，设计可视化呈现学生反思学习过程的系列作业。完成作业的质量要素即评价标准，教学评价要呈现多元化、个性化、发展性。

检测单元目标的单元作业是一个长程作业，周期为两周。作业要提前布置，学生学习水平的差异性需要教师在作业完成过程中给予个性化指导。评价量规可以帮助学生自我检测和调适，是高质量完成作业的促进手段。下面以北京师范大学出版社英语教材八年级上册 Unit 1 为例，依据 Unit 1 的单元核心目标和学习任务、课时核心目标和任务制定出单元作业（见表 1）。

表1　Unit 1 单元作业

高阶能力的单元作业	内容	选择一位同学，完成一个采访任务：你最喜欢什么电视节目？陈述你的理由。如果你做一期节目，你会做有关什么内容和什么形式的节目？		
	要求	以两周为期，以录制视频的方式呈现作业		
	评价量规			
	评价内容		得分	标准
	采访是否包含了电视节目的名称，理由和评价观点？			5=Excellent 4=Good 3=Acceptable 2=Needs Improvement
	采访的细节是否支撑了自己的观点？			
	采访者是否尝试提出合理疑问？			
	采访是否使用了恰当的句型、时态和丰富的语言？			
	采访是否做到了协同合作？			
	采访是否按照意群表意，做到语音基本正确，语调自然流畅？			

（三）从单元到课时有步骤有逻辑层层开展课堂教学与作业的结构化设计，设计不同类型的课时作业

统筹开展单元内相关联的课堂教学和作业结构性设计需要整体进行学习目标和内容、真实情境的驱动型问题、学习活动和反馈的课堂教学和作业规划。课堂是学生"学习关系创造和优质学习实现"❶的平台。课堂教学是从引发学生的学习兴趣到关注学生知识的生成和探究的学习进程，是在师生、生生互动的对话过程中，教师明晰、整合学生提出的问题和观点，检测评价学生是否掌握能在现实世界中迁移运用解决问题的指导过程，是学生知识、情境和主题建构与作业反思的结构化学习过程。作业是学生借助工具书、教材还有笔记等其他资源进行自主学习的过程。由老师指导过渡到自主学习，对学生学会学习，提高发展能力和素养具有价值。

1.提取主题意义，逐层梳理核心素养目标和英语活动观的教学目标，确定学生学习目标

以八年级上册 Unit 1 Lesson 1 阅读课 *Last Week on TV* 为例。本课时的话

---

❶ 钟启泉.课堂研究 [M].上海：华东师范大学出版社，2016.

题是电视节目的评价，其主题意义为评价来源于价值观。在大单元视域下，通过梳理核心素养四要素体现在本课时的教学目标和分析本课时要达成的学习理解、应用实践和迁移创新的活动观教学目标，制定出本课时学生的学习目标（见表2）。

表2 单元视域下本课时学习目标

课时1	Unit 1 Lesson 1 Last Week on TV
学习目标	1. 感悟和积累电视节目语篇里的描述性词汇和评论性词汇：a game between...and..., score, earn, adopt, deaf, something really difficult, climate, change, dinosaur, interesting, fantastic, cute
	2. 能提取关键信息，概括电视节目评论语篇的结构特征
	3. 主动参与课堂实践活动，完成复述和访谈活动，尝试向同学们讲述自己观看的电视节目
	4. 领会所学语篇蕴含的人类共有的人文精神，树立正确的价值观念

2. 秉持英语学习活动观实施教学，逐层搭建活动支架，进行课堂教学过程和课时作业的结构化设计

解读课标的核心素养学段特征，分析构建课时语篇的语言技能和语篇所承载的意义及传递的价值观，整合单元内容，设计三种学习活动的驱动型问题链和支架，迁移拓展运用所学语言技能解决真实情境问题，逻辑建构课时分层作业内容。课时作业与课堂教学过程的整体设计，可形成横向关联、纵向进阶、有纵深意义的作业结构，做到"减负提质"。表3是八年级上册 Unit 1 lesson 1 的课时作业。

表3 基于活动观的本课时作业设计

	基础作业	1. 大声流畅朗读语篇并录音
Lesson 1 作业		2. 从所学语篇中挑选词汇，完成一段情境短文
	能力作业	从中选择一项： 1. 选择一个语篇，与同伴分角色，以记者和评论者的身份交流并完成采访记录 2. 介绍自己昨天看过的电视节目及观点 3. 与同伴交流自己昨天看过的电视节目，并记录交流内容

三、构建学生学习共同体，感受"一体感"

依据学习目标，以不同方式分组，构建学习共同体，让学生分组展示和反馈一个单元学习后的成果，扩展学生的学习资源和扩大交流对象范围，帮助学生建立学习信心，启发学生反思学习过程中的不足和促进自主学习的内心需求，激发学生自主改进，主动探究，尝试使用多种策略解决学习中的问题，逐步帮助学生形成学习自觉性。

"双减"政策核心要义在"提质"上。应站在培养学生核心素养能力的全局高度上，从大单元的视角整体分析和确立课堂教学内容，优化设计达成目标的连续性教学活动和作业，把学生自身赋予学习过程的意义和价值体现出来，并让学生在学习共同体中对此进行分享和思考，促进学生主动面向后续的学习，树立学习信心；让不同层次和水平的学生进行有意义的沟通和交流，进行个性表达，发展学生的综合素养，为适应未来社会发展奠定基础。

"双减"背景下小学英语
主题式单元作业设计与实施

赵　月（北京市京源学校小学部）

在持续落实和深化"双减"过程中，作业的重要性不言而喻，它从来不是一个"小问题"，它是课程改革中不可或缺的关键领域。传统作业具有碎片化、机械化、重复化等问题，为做到提质增效，教师需重新赋能作业，优化作业设计，从"增量思维"走向"增值思维"，实现以增促减。让作业成为伴随学生学习全过程的助力器，为每一位学生提供深度学习、自由探索的发展空间。因此，教师需要构建和设计以发展学生核心素养为导向的作业内容。

本文中，笔者以北京出版社小学英语三年级下册第六单元 *Mother's Day* 为例，阐述优化作业设计、构建英语主题式单元作业的基本策略。

一、树立全新作业观，在课程视域下育人

在传统教学视域下，作业一般作为教学的最后一个环节，是课堂教学的从属。作业内容主要围绕学科知识与技能而定。然而，全新的作业观要在课程整体视域下予以认识。作业和教学同等重要，作为课程的主要环节，共同促进课程目标的实现。在内容方面，也更关注学生学习习惯、学习方法、实践创新能力等多维度素养的提升。英语课程的总目标是孩子们通过学习，培育其核心素养，包括发展语言能力、培育文化意识、提升思维品质、提高学

习能力。❶核心素养既是课程育人的集中体现，是课程的目标；同时也是教学与作业的导向。因此，在课程视域下的作业观要体现并助力英语课程核心素养的实现。

发展学生素养的小学英语主题式单元作业，在作业形式上，并非一份单元复习大作业，而是所有课时作业的有机叠加，课时作业间体现整体性、结构性、关联性和进阶性，最终指向单元主题意义和核心育人目标的达成。在面向全体的同时，兼顾个体差异，适合不同学生的最近发展区需要。在作业内容上，并非单纯巩固双基语言知识的基础作业，而是需要关照学生学习策略运用、语言学习习惯养成、高阶思维培养等多维素养的复习巩固、拓展延伸、综合实践等综合性作业。通过完成作业，引导学生夯实基础，开阔视野，进行创新应用。在上述形式和内容上，最终实现作业的育人价值。

二、纳入备课系统，强化作业设计流程性

作为英语课程中重要的一环，作业与课堂教学并非简单的从属关系。作业与教学具有一致性，作业是课堂教学内容的巩固、补充和延伸。❷在知识习得、育人目标方面等均具有一致性。鉴于作业与课堂教学两者重叠交叉，在设计单元作业时，首先应将作业设计纳入备课过程，成为单元整体设计的重要组成部分，确保作业与教学的一致性。如图1所示，从教材和学情出发，对标课程标准，确定单元主题，制定目标。而这一目标，包含单元整体教学目标、课时教学目标和课时作业目标等维度。依据目标，规划课堂教学内容以及课外作业内容。

---

❶ 中华人民共和国教育部 . 义务教育英语课程标准（2022 年版）[M]. 北京：北京师范大学出版社，2022.

❷ 王月芬 . 重构作业——课程视域下的单元作业 [M]. 北京：教育科学出版社，2021.

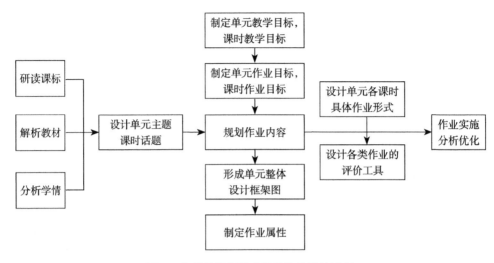

图1　小学英语主题式单元作业设计流程

案例单元围绕"Mother's Day/Father's Day"这一话题展开，本单元属于人与社会范畴中的社会服务与人际沟通主题，子主题内容为"尊长爱幼，懂得感恩"，涉及三组对话。对话内容讲述了"母亲节当天，Lingling 给妈妈送礼物并谈论今天将要做的事情""父亲节即将到来，Baobao 正在给爸爸做贺卡""父亲节当天，Baobao 给爸爸送礼物"。依据学生以往生活经验，大多数学生了解母亲节、父亲节，知道要在特殊节日表达爱意，但方式较为单一和模式化。对于父母的爱的理解较为片面，在日常行为表达爱和感恩方面较为含蓄。

基于教材及学情，对照课标，教师将单元主题设定为"Show love to our parents"。在第一课时，选择妈妈喜欢的礼物表达爱意，感知多种表达爱的方式，达成情感的深层体验，即"to know"（知）的层次。在第二课时，引导学生从不同视角感受父母的爱，以实际行动表达对父母的感谢。在第三课时，引导学生理解父母、换位思考。通过打卡活动记录为父母做的事，将爱落实到日常生活中，达到"to do"（行）层次。第四课时复习课中，学生能综合运用语言表达对父母的爱，设计一封信，将爱与感激的情感落实在日常行为中，形成观念，从而达成"to be"（意）层级。

通过本单元的学习，学生能够理解、表达母亲节/父亲节这一特定情境下的相关语言（语言能力），在实践性的学习活动中，乐于与他人合作，尝试解决语言学习中的问题（学习能力），并形成自己的想法和观点，从不同角度观察周围的人或事（思维品质），最终能够用行动尊重父母、感恩父母（文化意识）。

基于单元主题内容，教师制定单元学习目标、单元作业目标、分课时教学目标与作业目标。将作业纳入单元备课流程，确保了作业与教学在单元主题的整合下具有一致性，共同指向主题意义和育人目标的达成。

三、延展课堂，发挥作业时空互补性

由于课堂教学时长有限、空间有限，无法全然达成单元核心素养，这就需要借助作业的时空优势，对一些课堂内无法开展的活动或培养的素养进行弥补，与课堂教学形成互补性，共同促进综合素养的实现。❶比如，在本单元教学中，或许较难在课堂上实现"多渠道解决语言学习中的问题"这一学习策略以及"用行动爱父母"这一情感价值。因此，教师尝试设计应用实践类作业，引导学生在做中学、在行中知。

在第一课时，教师思考：赠送礼物的首要逻辑是选择对方所喜欢的。那么，课堂上学生所谈论的送妈妈的礼物是不是妈妈所喜欢的呢？因此，在本课时作业布置中，教师设计调查访谈作业，让学生采访妈妈，询问所喜爱的礼物，完成"Mum's favourite gifts"（妈妈最爱礼物）清单，并鼓励学生选择清单中的某一个礼物在节日当天赠送给妈妈。在完成作业的过程中，首先，学生运用课内所学语言，完成学习任务。其次，在清单记录中，学生或许会遇到不会书写的单词，学生可借助查阅工具或网络资源予以解决，培养了学生"借助多渠道学习英语、解决问题"的学习能力。最后，这样一份贴近生活实际的实践性作业，让孩子们在无形中用行动了解了妈妈，并基于了解，用行动示爱，实现了情感

---

❶ 王月芬.重构作业——课程视域下的单元作业[M].北京：教育科学出版社，2021.

层面的目标，也达到了文化意识的培养。这些是单纯依靠课堂 40 分钟无法实现的，促进了从知识到能力维度的转变。

在第二课时教学中，学生已经借助对话中 Baobao 的视角了解并学习了父母在"照顾、陪伴"等不同维度中爱的体现。在作业设计中，教师引导学生迁移至自己生活，回忆并写下自己父母的付出，并将完成的卡片贴在父母能看见的地方，表达对父母的感谢，比如"You cook for me. You read books with me. Thank you. You are the best"，体现对所学语言的巩固与应用。在作业的第二个步骤，教师鼓励学生将完成的卡片贴在父母能看见的地方，对父母表白，感谢其辛苦。实现从课上的"发现爱"到课下的"表达爱"。在这样的一份作业中，在语言知识方面，由对话角色关联到个人生活，在习得语言后自主建构。孩子们在作业中乐于、敢于用英语表达自己，将语言的运用与做人、做事相结合，形成自己的想法与观点。

四、链接生活，让素养根植在生活体验中

核心素养是学生适应社会发展和终身发展的必备品格和关键能力。素养的培养源于学习，而最终体现在生活中。培养学生核心素养，不能忽视学生的生活体验与情境。在很多作业中，存在不少"生活中的假问题"，或者为了引导学生完成作业而创设的不合乎现实的假情境。基于"用创为本"的英语学习活动观，教师应引导学生联系个人实际，运用所学解决现实生活中的问题，形成正确的态度和价值判断。因此，作业设计应链接真实生活，依托真实情境，关注学生真实的内在需求。

比如，在本单元第三课时中，学生在课上学习了如何使用 Can I ...? 句型发出请求及回应。教师思考：如何在主题意义之下，让学生在生活中产生共鸣并在恰当情境中运用？因此，教师在作业设计中创设了一些孩子向父母提出请求但被拒绝的场景，比如感冒了却想吃冰激淋，在危险地带放风筝等，旨在让学生在"小剧场表演"作业中，活用语言，对这一现象做出正确判断，了解父母

有时候的拒绝是出于安全或健康的考量，懂得换位思考，从而鼓励学生进一步感受"Even the parents say no sometimes，they always love you"。在换位思考中，注意到不同的人看待问题是有差异的，从而从不同角度观察、理解事情，初步具备辩证看待事物的能力。随后，教师利用"一周爱意打卡"综合实践作业，鼓励学生思考能在日常生活中身体力行为父母做些什么。通过这份长周期实践作业，学生首先能够科学、合理地制订计划；其次能够将计划落地，予以实施，打卡完成，做到从生活中来，到生活中去，实现能力向素养的转化。

五、关注统整，承接思维发展

《义务教育英语课程标准（2022 年版）》指出，应引导学生基于对主题意义的探究，逐步建构和生成围绕单元主题的深层认知、态度和价值判断，促进核心素养综合表现的达成。❶ 因此，如何借助教师巧妙的作业设计促使学生自主建构起对单元主题意义的完整认知十分重要。在本单元每一课时的作业设计中，均紧紧围绕单元大主题，遵循"表达爱—发现爱—践行爱"的基本逻辑，引导学生在无形中深化主题认知、形成爱父母的情感态度。爱是了解、是感谢、是理解，也是一次次的行动。最终实现本单元核心素养的达成，让孩子形成爱父母的意识，"To make Mother's Day/Father's Day every day"。在此过程中，素养立意为先，统领课内课外，作业助力其达成。

为了各课时各类作业间的高度契合性和指向性，教师要创新语音学习。在常规复习课语音板块学习中，通常的作业内容为正确朗读。但是朗读的韵文内容却与单元主题并无关联。教师可以重新设计语音韵文，力争在细节处直指育人目标。比如教师将相关语音词汇编成一个小韵文，即"Dear Mom and Dad, I will help you do housework. I won't shout at you. I hope you will be proud of me

---

❶ 中华人民共和国教育部. 义务教育英语课程标准（2022 年版）[M]. 北京：北京师范大学出版社，2022.

from now",作为一份孩子对父母的承诺,让学生朗读,在巩固语音知识的同时,渗透育人价值,直指单元核心育人点。

在上述作业设计和实施下,学生提高了认知水平,形成了结构化的知识体系,提升了其思维能力。学生完成作业的过程,即是自主发现问题、主动探索、分析问题、自主思考并最终解决问题的过程。另外,面对如此趣味高、实践性强且有意义的作业,相信学生能够保有积极且持久的学习愿望和兴趣,作业于学生而言,不再是负担,孩子们乐在其中。在学生主体发展方面,精神的减负伴随着多维素养及综合能力的提升,从而真正实现减负增效。

"双减"背景下初中道德与法治学科单元作业设计探究

——以九年级下册第二单元作业设计为例

李星星（北京景山学校远洋分校）

"双减"政策明确，"减轻学生过重作业负担""提升教育教学质量"为"双减"的重大任务和重要措施。

作业是教学活动中实现"减负提质"中的一个环节，有至关重要的作用。作业既可以帮助学生巩固知识，又可以检测到自己的不足；同时，还可以帮助老师了解学生困惑点，指导教学。"双减"政策明确指出，初中生每天书面作业完成时间平均不超过90分钟，以每天7门学科计算，道德与法治学科的书面作业只能控制在10~15分钟。[1] 优化作业设计是落实"双减"政策、提升教学质量的有效途径，显得异常重要。对此，笔者以道德与法治九年级下册第二单元《世界舞台上的中国》单元整体作业设计为切入口，探究优化学科作业设计的实践路径。

一、研读教材，作业设计坚持单元整体建构

教材是育人的重要载体，是教育教学的工具，更是学生价值观健康成长的土壤。初中道德与法治以情感态度价值观目标为教学首要目标，各册教材、单元和课之间存在严谨的逻辑关系。应研读教材，梳理教材核心知识、主干知识及知识之间的关联，以此设计单元作业，引导学生思考知识之间的联系，增强学习能力，提升核心素养。

---

[1] 朱智伟."双减"背景下初中道德与法治书面作业设计 [J]. 福建教育，2021（4）：55-57.

例如，道德与法治九年级上册第一单元《我们共同的世界》引导学生把目光投向广阔的世界，突出学生对当今世界的宏观认识，通过对人类命运共同体倡议下中国积极维护世界和平、推动可持续发展、应对全球问题、关系共同命运行为的探讨，学生能深入理解中国国际舞台上的各类行为背后的价值理念和使命担当。在学习完第一单元之后，学生对世界对中国的影响有一定的了解，对于人类命运共同体倡议的理解有所深入。第二单元要引导学生重点关注中国对世界的影响，形成对中国"负责任大国"形象的认同，感受和平发展、合作共赢以及人类命运共同体主张下的当代中国生动的实践，增强学生为世界和平与发展作贡献的意识与愿望。

以单元整体设计作业目标，使学生明确学习目标的类型、达成期限及对应的能力层级等，有利于学生进行自我诊断，制定个性的学习方案，满足学生个性发展需求，具体见表1。

表1　道德与法治九年级下册第二单元整体作业设计目标

能力层级	单元目标	学习水平
第一层级	1. 识记或默写相关核心主干知识	知道
	2. 知道并列举出中国与世界紧相连、共发展的做法和意义	知道
第二层级	3. 能够理论联系材料进行规范表述作答	运用
	4. 正确认识和理解中国与世界的关系，提高辩证思维能力	理解
	5. 为国家自身发展成就以及为世界共同发展的贡献感到自豪，增强国家认同感和民族自信心	认同
第三层级	6. 提升搜集资料、合作探究学习、与人沟通交往的能力	实践
	7. 提高发现问题、分析问题、解决问题的能力	综合
	8. 逐渐形成开放的态度和全球意识，增强国际合作意识，能够增强主动为中华民族伟大复兴和为人类社会发展贡献力量的使命感	综合

说明：目标1、3、7为常规作业目标；目标2、4、5为单元作业目标；目标6、8为学期作业目标。其中第一层级要求学生必须掌握，第二层级学生应该掌握，第三层级体现作业的分层性，学生可根据自身能力水平选择不同水平或参与不同贡献任务来获得个人能力提升

二、调研学情，提升作业设计的针对性和科学性

学生是完成作业的主体。作业的优化设计要从学生的真实情况出发，了解不同班级不同的学习状况、同一班级不同学生的经验和阅历的差别。因此，学情是开展作业设计活动的前提和基础。从学生的认知基础、能力现状、情感价值认同及日常行为实践等方面进行调研，能够明确学生的知识盲区、价值冲突点，提升作业设计内容的针对性，实现教学的增效提质。作业类型影响学生对作业的喜好度和学习效果，教师需要设计不同类型的作业和学习任务。

在作业科学性的话题中，学生不喜欢没有收获的作业、容量或难度过大的作业及内容适切性不当的作业等。通过汇总发现了学生最不喜欢的作业表现出几大特点（见表2），这提醒我们在作业设计的时候，要改变令学生反感的对政治学科生冷抽象的印象认知、被动的知识接收和应试本位的作业基调，增加作业素材的鲜活度和问题设置的深度、广度和梯度，激发学生对作业本身的兴趣和新鲜感，帮助学生获得除认知能力以外更加重要的素养提升、对学习本身的持久兴趣与动力及实现情感态度价值观的变化。例如，在学习"中国与世界深度互动之文化部分"时，通过引入《功夫熊猫》《花木兰》等热门电影，探究"西方导演眼中的中国故事"，对比分析中西文化差异，全面辩证地看待文化的发展，理解"文化在交流互鉴中更加丰富多彩"，树立正确的文化观。

表 2　中学生不喜欢的作业种类（多项选择）

不喜欢的作业	小计 / %
做完作业收获较少	55.6
讲授内容和作业内容不匹配	47.2
机械重复性训练多	44.4
类型单一，缺少变化	44.4
难度过大无从下手	36.1
作业难度缺乏挑战性	19.4
其他	11.1

三、丰富形式，体现作业设计的多元化和进阶性

从过程上看，教育教学是一个包含课前、课中和课后的完整过程。作业是教育教学的重要环节，作业设计也应包含课前预习、课中检测和课后巩固拓展等。为保障学生使用资料的一致性，可将"导学案"设计成为全过程"作业本"，将课前阅读类作业、课堂诊断类作业、课后巩固与拓展等实践性作业及"小课题，长作业"纳入导学案中，结合课前预习、课上练习和课后作业，严格落实"双减"政策对于作业时间的要求，并给予学生记录困惑与所得等学习反思的留白空间；使作业既成为教师教学的辅助和延伸，也成为学生最实用和完整的学习过程性资料，较好发挥其学习、检测、巩固、提升的作用，真正做到减负提质。

应依托学科特点，开展《小课题，长作业》的创新设计，围绕一个主题，进行中长期研究性的工作。从时间上看，"小课题，长作业"时间长，需要持续地投入精力；从空间上看，学生需要从课堂之内走向课堂之外，学习从学校领域拓展到家庭、社会领域；从能力上看，"小课题，长作业"所涉及的内容和形式具有一定的难度，需要结合一定条件进行深入的思考、探究。九年级下册第二单元的《小课题，长作业》，围绕"北京冬奥会：点亮疫情中的世界"这一主题，以"校内招募令"的形式邀请学生进行纪录片的设计制作，思考不同课时内容的作业设计，将知识积累、素材选择、思维能力等作业目标融汇到不同课时的作业中去，特别是集中在提高型作业之主观题部分，与单元《小课题，长作业》整体贯通，为有效达成单元作业设计的整体目标奠定基础。

四、注重评价，强调评价的科学性、多元化及层级性

作业评价是对学生学习情况的客观反映，可以总结学生的不足之处，并为

教师的教学提供详细精准的资料。因此，优化作业设计需要建立完善系统的作业评价体系，包含主体的多元化和内容的层级性，追求评价的精准性和细致性。建立作业评价体系，也需要兼顾作业反馈的客观公正和及时有效。

以评价主体为标准，作业评价可分为学生自评、组内互评、组间互评和教师评价。学生自评能够增强学生的自主学习能力，鼓励学生积极勇敢地面对、分析自我；组内互评和组间互评提醒学生认真完成作业，激发学生的积极性和主动性，也能让学生学会客观公正地评价别人，学习别人的优势，克服自身不足。教师评价能够直接反馈学生的知识掌握程度、学习能力的强弱和情感价值观状况，给予学生全面客观的评价，促进学生综合发展。不同的评价方式设定不同的评价标准，实行等级制。这样的评价方式能够动态完善作业评价体系，更加客观、全面地诊断学生学习效果，激发学生学习的积极性和主动性，提升学生的学习能力。

本单元采取多主体、多等级的动态评价方式。综合多种方式对作业进行评价时，还可以结合实际对相应的评价方式设定合理的比例，《小课题 长作业》采用的就是综合的作业评价方式，具体见表3。

表3 单元《小课题 长作业》评价标准

1. 组内互评（占20%）：按时完成分配任务、能提出有创意和实操性强的切实指导意见、合作沟通意识
2. 组间互评和教师评价（各占40%）

	等级三	等级二	等级一
紧扣主题	各分集紧扣主题	能够符合主题	内容与主题有所偏离
观点明确	剧集有自身明确的观点	观点较为明确	观点模糊
知识运用	运用知识贴切，且表述正确	运用了相关知识	知识运用不准确
创意性	有主题下的创意	能看出设计思路	思路常规甚至存在抄袭
立意与站位	世界舞台上的中国立意角度高	有自身立意	很难上升到一定高度

综上，教师应当以教材为依据，调研学情，开展作业的设计；同时，丰富作业形式，注重作业评价，搭建教与学之间的桥梁。

初中道德与法治学科是落实立德树人根本任务的关键课程，具有很强的德育性和思想性。[1]作业设计要坚持学生本位思想，追求学生的综合发展，增强学生分析现象、解决问题的能力，提升核心素养，做乐观积极健康的社会公民。

[1] 许丽文，林顺华."双减"背景下初中道德与法治课后作业设计策略[J].福建教育，2022（4）：34-35.

基于 UbD 理论的初中数学单元作业设计研究

张素元（北京教育学院石景山分院）

秦亚娜（北京市京源学校莲石湖分校）

"双减"背景下，笔者以《方差》单元为例，结合 UbD 理论分析和探讨初中数学单元作业设计的策略，旨在丰富当前数学作业形式、减轻学生作业负担，在培养学生核心素养的同时促进教师的专业发展。

一、问题的提出

作业，是课程改革中不可或缺的重要领域，也是国家"双减""五项管理"工作共同关注的切入点。当前数学作业设计存在一些问题，如：教师布置作业形式相对单一，课时作业设计缺乏对整体单元教学的联系与思考，作业的创新性、发散性、拓展性不足；作业设计目标不够明确，特别是有一些题目设计主次不分、对象不分、缺乏挑战，学生也较难通过完成作业达到有针对性地巩固知识、熟练技巧、积累活动经验和感悟数学思想方法的功效。研究表明，作业设计质量对作业负担、作业兴趣和学业成绩均有明显直接影响。因此，教师应着力探索如何进行单元作业设计。

二、基于 UbD 理论的初中数学单元作业设计依据

《义务教育数学课程标准（2022 年版）》实施建议中指出，"改变过于注重以课时为单位的教学设计，推进单元整体教学设计，体现数学知识之间的内在逻辑

关系，以及学习内容与核心素养表现的关联"。❶如同单元相较于课时的意义，初中数学单元作业设计是指针对初中数学某个单元进行的整体性作业设计，其中"单元"是指同一主题下相对独立并且自成体系的学习内容，这个主题可以是一个观念、一个专题、一个关键能力或一个真实问题，还可以是一个综合性的项目任务等。

单元作业设计能够解决作业内容碎片化、浅层次、结果不合理等问题，学生亦能掌握核心概念、法则、原理及其逻辑关系，审核理解数学本质，整体把握知识体系，进而实现减负增效。❷

美国课程专家格兰特·威金斯（Grant Wiggins）和杰伊·麦克泰格（Jay McTighe）合作十余年，积极倡导"理解为先"的教学设计理论（Understanding by Design，UbD），提出将"理解""逆向""实践智慧"相结合，立体构建了以目标为导向的"理解"框架，UbD 理论认为教学设计的起点是学习目标，宗旨是促进学生达成意义学习、深度理解、迁移运用，以学生的学习评价和学习结果为出发点，逆向设计学习活动。❸

UbD 理论的核心是"追求理解"，强调学生的知识迁移活动要基于理解进行，而理解的核心在于核心概念的掌握。"逆向"是指教师在进行教学活动之前，先思考学习需要达到的目的，从想要达到的学习结果出发设计教学活动（作业），这与常规教学（作业）设计有明显差异。UbD 理论提出了逆向设计的三阶段，即确定预期结果、确定合适的评估证据、设计学习体验和教学（见图 1）。

图 1 UbD：逆向设计的三阶段

---

❶ 中华人民共和国教育部.义务教育数学课程标准（2022 年版）[M].北京：北京师范大学出版社，2022.

❷ 柳军.初中数学单元作业设计的实践与思考 [J].中学数学教学参考（中旬），2022（9）：65-68.

❸ 威金斯，麦克泰格.追求理解的教学设计（第二版）[M].闫寒冰，宋雪莲，赖平，译.上海：华东师范大学出版社，2017.

在单元作业设计中可借鉴 UbD 理论，通过核心概念和基本问题将作业进行整合设计，使单元作业设计具有目标统整性、问题导向性和批改及评价方式平衡性的特点，有效解决传统课时作业的形式及内容单一、不可迁移和重结果轻过程等问题。笔者以 UbD 理论为指导，运用 UbD 理论框架对北京出版社八年级数学教材下册的《方差》单元进行逆向作业设计，探索在教学中运用 UbD 理论落实数学核心素养的方法。

三、基于 UbD 理论的初中数学《方差》单元作业设计案例

（一）阶段一：确定预期结果

数据分析是统计的核心，一组数据主要描述它的集中趋势和离散程度，方差是在研究了平均数、中位数、众数这些描述集中趋势的统计量的基础上，进一步研究的描述离散程度的统计量，它全面、平均地表示一组数据的离散程度，是最常用的统计量之一，广泛应用于比较实际事物的整体性、均匀性和过程的稳定性、均衡性。"数据分析"是学生应具备的适应终身发展和社会发展需要的必备素质和关键能力，本单元是学生形成统计观念和初步的数据处理能力的基础，有利于培养学生数据观念，发展统计应用意识，提高发现和提出问题、分析和解决问题的能力，为学生逐步发展"会用数学的语言表达现实世界"奠定基础。《义务教育数学课程标准（2022 年版）》对《方差》单元提出如下学业要求：能计算一组简单数据的方差，知道方差能刻画这组数据的波动（离散）程度；知道样本与总体的关系，能用样本方差估计总体方差；能根据问题的需要提取中位数、众数、平均数、四分位数、方差等数据的数字特征，能根据数据的数字特征解释或解决问题；体会数据分析的重要性，感悟通过样本特征估计总体特征的思想，形成数据观念，发展模型观念。❶

---

❶ 中华人民共和国教育部. 义务教育数学课程标准（2022 年版）[M]. 北京：北京师范大学出版社，2022.

基于对课标、教学内容、学情的分析，教师在确定预期结果之前需思考：学生需要了解什么，掌握哪些，可以做到哪些，应该掌握什么内容，以及所期望的持久理解有哪些。结合教学目标，明确《方差》单元预期结果（作业设计目标）❶（见表1）。

表1 《方差》单元（3课时）教学目标与作业目标

单元教学目标	1. 了解方差的统计含义；掌握方差的计算方法；能用计算器（机）的统计功能进行统计计算，会用方差表示数据的离散程度；能比较两组数据变化范围和波动的大小；能用样本的方差估计总体的方差
	2. 能够在具体的统计实践活动中，对收集的数据进行整理和描述，能用相关统计量对数据进行简单分析，并作出合理的解释；体会统计的基本思想，养成用数据说话的习惯和实事求是的科学态度，为发展"数据分析"核心素养奠定基础
单元作业目标	1. 能在独立完成作业的过程中，了解方差的统计含义；能用纸笔或计算器正确计算一组数据的方差，会用方差表示数据的离散程度；能比较两组数据变化范围和波动的大小；能用样本的方差估计总体的方差，体会各统计量在"数据分析"中的作用
	2. 在小组合作中经历"收集和整理数据—描述和分析数据—优化推断结论"的过程，提升用统计知识解决实际问题的一般思路和策略，养成用数据说话的习惯和实事求是的科学态度，为发展"数据分析"核心素养奠定基础
分课时作业目标（略）	

每课时的作业目标都围绕教学目标，并更加强调不同课时之间的促进与补充，如"方差的统计意义""数据观念"是非常重要却又难以度量的目标，在作业目标中应层层递进，使其循环出现从而多角度、多层次去逐步深入理解，增强不同课时作业内容之间的衔接性及递进性，还要考虑弥补课堂教学中的不足。

（二）阶段二：确定合适的评估证据

与传统作业设计不同，在逆向设计的第二阶段，教师要像"评估员"一样思考问题，并确定学生是否达到了预期学习效果。在这个阶段，UbD理论界定

---

❶ 本教学设计及课例由张素元指导，秦亚娜执教，获2022年北京市基础教育优秀课堂教学设计评比活动一等奖。

了"理解"的六个侧面，即：解释、阐明、应用、洞察、神入、自知❶，这六个侧面表现了迁移的能力，教师需应用这六个侧面判断学生对核心概念等问题的理解，在目标和评估之间建立关联，通过多维评价了解学生的理解情况。基于此，《方差》单元的作业设计评价证据见表2。

表2 《方差》单元评估证据设计

评价内容	理解维度	评价标准
方差的统计含义	● 解释 ● 阐明	学生能够说出方差是描述了一组数据波动的大小的统计量；从"数"和"形"的角度说明方差的统计含义；会比较两组数据波动的大小
方差的计算方法	● 解释 ● 阐明	学生能够用文字语言和符号语言描述方差的计算公式，明确方差的计算方法与计算步骤，并能运用公式计算一组数据的方差
方差的作用	● 解释 ● 阐明	学生能够在具体情境问题中体会方差的作用：当两组数据的集中趋势相同时，可以比较它们的离散程度（波动程度），利用方差解决问题；能用样本方差估计总体方差
用统计知识解决实际问题	● 阐明 ● 应用 ● 洞察	1.学生以小组合作的方式，在统计实践活动中，能合理选择和利用相关知识对数据进行分析，知道用平均数、中位数、众数描述数据的集中趋势，用方差描述数据的离散程度，明确各统计量的含义及计算方法；通过样本的数字特征可以估计或推算总体的数字特征（统计调查思想和统计推断思想），明确平均数、中位数、众数、方差等统计量都是统计推断量化的基础，统计推断结论须用数据支撑（量化思想），通过表格或折线图等感悟随机现象的统计规律（随机思想）
数据观念	● 神入 ● 自知	2.学生在"收集和整理数据—描述和分析数据—优化推断结论"的过程中，提升用统计知识解决实际问题的一般思路和策略，为发展"数据分析"核心素养奠定基础

表2中的评价内容与评价标准并不是孤立的，而是相互关联，随着课时的推进，作业题目情境也会随之变化。其中数据观念的形成与发展，靠单一的作业习题巩固是不够的，学生要经历完整的统计过程来内化统计知识及统计思想，并将方差的理解纳入原有的认知结构中。

---

❶ 威金斯，麦克泰格.追求理解的教学设计（第二版）[M].闫寒冰，宋雪莲，赖平，译.上海：华东师范大学出版社，2017.

（三）阶段三：设计学习体验和教学（作业）

在基于 UbD 理论的作业设计中，三个阶段不是割裂分开的，将核心概念"方差"与数据统计观念融入其中，完成作业阶段是对整个学习的有机融合，能使作业目标、评估要求和作业计划更加连贯一致，力求作业设计关注学生理解，基础性作业与实践综合性作业相结合。其中基础性作业的设置应尽量与考试题目相一致，选择题、填空题与解答题相搭配，适当地设计开放性题目促进学生发散性思维的发展，用于检验学生对核心知识的理解及应用水平，题目设置的层次能够检验学生对所学知识的迁移能力；综合实践性作业一方面为了增强学生对数学知识的理解，另一方面可促进学生在充分体验、发现、合作交流、反思的过程中，逐步深化对问题的认识，逐步发现问题、提出问题，培养学生的问题意识和应用意识，逐步体会统计的思想，初步建立统计观念。

对于八年级的学生，此次综合实践性作业呈现收获满满，无论是前期调查，还是运用统计知识解决实际问题，以及小组合作后的汇报交流，都是常规的纸笔作业不能比拟的。学生在实际问题中体会到数学的价值，感受到数据分析作为个人必备能力的必要性，既收获知识，也收获成长。这也是我们数学学科的育人价值所在。

四、结语

基于 UbD 理论的作业设计并不是对传统作业设计的颠覆，而是对传统作业设计的有序重构，优先考虑预期学习效果，之后结合评估证据设计作业内容，这种设计思路有助于实现教 – 学 – 评的一体化。由于更偏向学生的学习认知本体，有利于教师从作业目标上关注学生认知建构的整体性，整体规划单元作业目标、评价方式及内容，有助于学生真正理解所学内容，促进学习的迁移。基于 UbD 理论的逆向作业设计为核心素养导向的教学变革提供了一条清晰的路径，是渗透教学价值、提高作业效能、发展学生核心素养并促进教师专业发展的有效途径。

"双减"政策下基于项目学习的小学生绿色冬奥实践研究

朱　煦（北京市石景山区古城第二小学分校）

一、问题的提出

（一）选题背景

　　学生核心素养的培养是当前课堂教学改革的核心目标。教师在设计学科活动时，需要在关注学生掌握基本学科技能的同时，促进学生深度学习。[1]可持续发展是为了筹备 2020 年冬季奥林匹克运动会（以下简称"冬奥会"）而提出的三大理念之一，由于冬奥会的项目特征和场地条件的独特性，对主办城市的可持续发展管理工作提出了较高的要求。[2]北京冬奥会是在《奥林匹克 2020 议程》改革下的首届申奥成功的城市，实践奥运会与可持续城市的互动共赢模式具有重要意义。[3]在绿色经济的理念下，北京冬奥会得以实践"四个办奥"的理念，促进城市产业的绿色转型，推动城市经济的增长。首钢是具有百年历史的老工业区，是首都工业的标杆。在首钢产业全面搬迁之后，复兴问题显得更加紧迫。[4]

[1] 宋皓 . 习近平总书记关于冬奥工作重要论述中的新发展理念 [J]. 北京体育大学学报, 2020, 43（2）:1-9.

[2] 余莉萍 . 奥运会与可持续城市良性互动研究 [D]. 北京：北京体育大学，2018.

[3] 张子静 . 绿色生态文明融合冬奥会发展研究——以 2018 平昌冬奥会为个案分析 [J]. 湖南生态科学学报，2020，7（2）: 64-71.

[4] 邵锦梅，李雷，幺海欣 . 2022 年北京冬奥会办赛理念研究——基于"四个办奥"理念的诠释 [J]. 体育科技文献通报，2020，28（8）: 17-18, 29.

北京市委、市政府高度重视首钢的转型发展，提出要把新首钢地区打造为首都城市复兴的新地标。新首钢地区的复兴与石景山区具有紧密的联系。

（二）研究意义

以北京冬奥会为契机，石景山区迅速发展。[1]居住在石景山的居民，与首钢有着很深的联系，见证了首钢的变迁，首钢的可持续发展与石景山人息息相关。而石景山区的青少年肩负着传承石景山文化，使区域可持续发展的重任。北京冬奥会场馆落户首钢园，对石景山人来说是一件值得骄傲的事情。作为石景山区的小主人，每一位同学应该培养主人翁意识。因此学校教师从实践活动设计出发，探索提升学生核心素养和增强学生深度学习的有效方法，设计实施了"小海豚的绿色冬奥创想"项目学习。

二、解决问题的过程与方法

本项目式学习的研究分为三个阶段，融合了语文、阅读、劳技、综合实践等多个学科。

第一阶段：前期准备阶段。教师通过探访首钢园区、查阅资料、访谈等形式，设计制作"我与小海豚游首钢"探究手册，设计"我与小海豚游首钢"项目式学习课程纲要，为后续学生的项目式学习做好准备。

第二阶段：阅读积累阶段。教师通过群文阅读引导学生进行大量的阅读积累。依托石景山区重点课题《小学生多学科课外阅读的实践研究》，拓宽学生知识的广度，培养学生通过阅读寻找答案、解决问题的意识。通过完成"我与小海豚游首钢"项目学习手册，了解"绿色首钢绿色冬奥"的发展理念。

---

❶ 袁园娟，徐开娟. 基于居民认知视角对北京冬奥会环境影响的研究 [J]. 体育科研，2020，41（5）：38-45，63.

第三阶段：项目总结阶段。教师指导学生撰写研究性学习报告，总结前期探究成功，并挖掘更多与项目内容相关的点，进行延伸的探究学习。梳理、提炼本次项目式学习的模式与精髓，为后续新的项目学习做铺垫。

三、研究的主要内容

（一）"小海豚的冬奥创想"项目式学习的意义与价值

（1）阅读与实践相融合。让阅读不再是一个孤立的存在，而是指导实践的必经阶段，把阅读渗透在实践活动的每一个环节当中。学生通过阅读得到的启发将帮助其展开更深入的思考，从而指导实践。

（2）培养学生的实践创新能力。完成项目，一定需要动手实操，互助合作，在实际操作过程中，展开头脑风暴，思维与思维相互碰撞，会产生许多新的想法。

（3）学科融合。把单一的知识碎片揉在一起，将不同学科间的知识排列组合，打破学科边界，培养学生综合运用知识的能力。

（二）"小海豚的冬奥创想"项目式学习的目标

（1）知识与技能：通过"我与小海豚游首钢"项目学习手册，了解冬奥会给石景山人带来了哪些变化。

（2）过程与方法：通过自主探究的方式，让学生亲自探访首钢园，获得更多与北京冬奥会相关联的信息，激发学生的想象力与创造力，提升学生探索、发现、反思问题的能力。

（3）情感态度价值观：通过变废为宝、拍摄冬奥会宣传片，激发学生向学校、社区、社会宣传北京冬奥会的热情。

（三）"小海豚的冬奥创想"项目式学习的内容与实施

1. 研究对象

（1）对首钢工业遗址进行初步了解，选取最具代表性的元素作为小海豚冬奥创想的作品元素。

（2）对北京冬奥的符号元素进行细致的研究，选取最具代表性的冬奥会元素作为"小海豚的冬奥创想"的作品元素。

2. 研究内容

（1）编制并指导学生学习"我与小海豚游首钢"项目手册，了解"绿色首钢 绿色冬奥"的可持续发展理念。

（2）以自主探究的方式，走访首钢园，获得更多与"绿色首钢 绿色冬奥"相关联的信息。

（3）本着可持续发展理念，变废为宝，利用搜集到的旧布料，以布贴的形式，制作冬奥会主题作品，拍摄冬奥宣传片，向学校、社区、社会进行北京冬奥会宣传。

3. 实施情况

学生口述"小海豚的冬奥创想"展板设计理念。

（1）作品名称："小海豚的冬奥创想"。

（2）设计理念：本届冬奥圣火在中国北京燃烧，在我们的家乡举办，我们感到非常自豪与骄傲。本次北京奥运会是以绿色为主导；绿色首钢，绿色冬奥；低碳环保，人人有责。绿色环保在我们的生活中也无处不在，例如，节水节电，低碳出行，多乘坐公共交通，少开私家车，这些都是生活中的绿色，因此在设计作品的时候，我们本着环保的理念，就像改造首钢园一样，对身边的废旧物品进行改造，让它们实现再利用，焕发新的生机。

（3）作品内容：布贴秀上的内容小组成员选取了北京冬（残）奥会标志、

冬奥会吉祥物、冬季项目图标、首钢标志性建筑滑雪大跳台和西十筒仓，以及古城第二小学分校的吉祥物两只可爱的小海豚作为作品的主体。冬奥会的标志是一个大大的 "冬" 字，是 "冬梦" 的意思，标志下面有一行 "北京 2022" 的英文，花样的字体就像运动员的花样滑冰，最下方是奥林匹克运动会的标志奥运五环，五种颜色的圆环串在一起，绚丽多彩！花样滑冰、单板滑雪、冬季两项、速度滑冰、雪车等冬奥会项目图标围绕其中，冬奥吉祥物冰墩墩和雪容融与学校吉祥物蓝跳跳和粉笑笑相互击掌，共同庆祝冬奥会在北京举行。滑雪大跳台和西十筒仓现在都成为冬奥会首钢园的标志性建筑，它们遥相呼应，传承着首钢的精神，印证着老首钢当年的辉煌，也见证了首钢的可持续发展。

4. 研究方法

（1）访谈法。通过面对面的交流方式收集材料，寻找我们自己身边的老首钢人（之前在首钢工作和一直生活在首钢园附近的居民）。访谈前组员们在老师的指导下确定访谈问题并列出访谈提纲，我们通过老首钢人了解首钢园今昔不同情况，获取首钢园的变迁情况资料。

（2）实地考察法。依托学校制定的首钢园研学手册，了解首钢园与绿色冬奥理念，带着了解任务到首钢园进行实地考察，在完成手册内容的同时收获对首钢园的认识与感受。

（3）行动研究法。通过小组合作，组员共同讨论设计宣传作品 "小海豚的冬奥创想"，对废旧布料进行加工再利用，完成最终作品。

四、效果与反思

（一）成果创新点

采用项目式学习的方法，解决问题。教师引导学生通过前期的海量阅读，联系现实生活中的实际问题，经过个人及小组的思考，充分运用各个学科中的重要知识点，解决课程中设定的实际问题，达到提升学生综合能力的目的。

将学校吉祥物小海豚融入本次研究性学习，使学生感到更加亲切，更愿意加入研究的队伍。通过前期对首钢园的调查研究以及对北京冬奥会知识的学习，结合本学期课程，研究小组的同学们讨论设计了后期活动内容，计划以布贴的形式制作冬奥会宣传作品"小海豚的冬奥创想"，编排"一起向未来"冬奥会口号曲手势舞，号召全校同学一起跳。

（二）形成研究报告

在项目式学习后期，教师会对学生进行一对一的指导，帮助学生以文字的方式记录自己项目式学习的过程，自主形成研究报告——《基于绿色冬奥理念的"小海豚冬奥创想"的实践研究》。

（三）拓展延伸探究

通过对冬奥会及首钢的研究性学习，学生对宣传北京冬奥会产生极大的热情。于是趁热打铁，结合冬奥会口号歌《一起向未来》MV 内容编排了手势舞，在同学与同学、班与班之间传播，最终全校同学齐跳手势舞欢庆北京冬奥会的到来。

创新作业类型，
建构小学数学实践性作业的新探索

张志英（北京市石景山区古城第二小学）

《义务教育数学课程标准（2022 年版）》指出，高效的数学学习不仅需要有效的课堂教学作为支撑，还需要借助实践类作业培养学生的自主学习能力和思维创新能力。在核心素养的视角下，小学数学教师应借助作业帮助学生巩固消化知识。综合实践作业是学生将数学问题代入现实生活，通过自主探究、分析问题、解决问题，最终形成勤于实践的良好意识的过程，能够促进学生的全面发展。

一、理解"作业管理"

2021 年 5 月，教育部办公厅发布的《关于加强义务教育学校作业管理的通知》指出：创新作业类型方式。学校要根据学段、学科特点及学生实际需要和完成能力，合理布置书面作业、科学探究、体育锻炼、艺术欣赏、社会与劳动实践等不同类型作业。鼓励布置分层作业、弹性作业和个性化作业，科学设计探究性作业和实践性作业，探索跨学科综合性作业。切实避免机械、无效训练，严禁布置重复性、惩罚性作业。❶

纵观作业概念的近代历史流变，作业大致遵循：作业即知识操练—作业即心智训练—作业即自我探究的概念演化进路。❷ 从作业概念的变迁历程可知，作业是教师基于教育哲学对学习资源的重新整合，是学生基于特定学习任务的一

---

❶ 中华人民共和国教育部 . 教育部办公厅关于加强义务教育学校作业管理的通知 [EB/OL]. （2021-04-25）[2023-08-17]. http://www.moe.gov.cn/srcsite/A06/s3321/202104/t20210425_528077.html.

❷ 罗生全，孟宪云 . 新时代中小学作业问题的再认识 [J]. 人民教育，2021（3）：15-16.

种活动。❶也就是说，作业应该是超越课程的客观性实在，不完全是教学的附庸，它应该是学生在认知与情感的交互作用下运用知识解决现实问题的学习过程。作业作为课程与教学活动的重要有机组成部分，是学生在非课堂教学时间完成的专门性智力活动，对于学生建构生活意义、增进学习体验、优化师生关系具有积极效用。

二、目前数学作业存在的问题和弊端

很多学生认为数学是比较枯燥、乏味的，学生在学习数学的过程中很容易产生抵触和畏难情绪。这些情绪的产生无非来自以下几个原因。

（一）数学作业内容繁多

小学生由于年龄较小，心智发育不健全，注意力往往不够集中，专注度不高。因为教材设置的原因，教师常常会布置较多类型的作业，比如：配套的练习册、口算本、竖式计算等，孩子们没有足够的耐心完成，长此下去，学生逐渐对数学作业产生反感。❷

（二）作业形式单一

多少年来，小学生数学家庭作业的特征是"三个基本"：基本上是课堂教学的机械补充与延伸，基本上是书面作业，基本上是算算算。单一形式的作业，常使学生感到厌倦、反感，导致完成作业的兴趣不高，甚至不做。

（三）数学作业缺乏积极创造性

教师布置作业时仅考虑到数学学习应有的作业，并没有考虑到怎样的作业

---

❶ 徐巍.核心素养视野下小学数学课后实践作业的设计.[J] 天津教育，专题，2021（3）：72-73.
❷ 陈群芳.基于核心素养小学数学作业现状探究 [J].数学教学研究，2021（1）：61-62.

形式才能激发学生对于数学作业的兴趣。单一的课本知识让孩子觉得数学枯燥无趣，只会让孩子逃避。久而久之使学生对于数学学习失去兴趣。

教育部《关于加强义务教育学校作业管理的通知》中提出：提高作业设计质量。教师要提高自主设计作业能力，针对学生不同情况，精准设计作业，根据实际学情，精选作业内容，合理确定作业数量，作业难度不得超过国家课程标准要求。❶

可见，提高学生数学作业的积极性和有效性，需要教师提高作业设计的能力，能根据学习内容，设计更符合学生年龄特点及认知规律。这是我们目前需要思考的重要问题。

三、创新作业类型，建构综合实践作业新体系

作业设计的根本目的在于促进学生发展，学生在完成综合实践作业时，由于实践任务灵活、全面，有时会需要多人协助共同完成，这在无形中就增强了学生的团队合作意识，能使学生将所学知识运用于生活之中，提升学生的沟通能力。学生在挖掘数学问题完成实践性作业时，会逐渐感受到数学的应用价值，培养他们的创新能力。

基于对《义务教育数学课程标准（2022年版）》理念的学习与对学生生活的深入思考，加之在教学实践中对于数学作业的布置，笔者有以下思考。

（一）关联性的实践作业，拓展知识与生活的联系

学生在生活中会应用到很多数学知识，把已有的生活经验与数学知识结合在一起，感受数学的价值就显得尤为关键。关联性的实践作业，是学生在学习的过程中不断地总结知识和积累经验的过程，学生的学习体验、情感、认知等

---

❶ 中华人民共和国教育部. 教育部办公厅关于加强义务教育学校作业管理的通知 [EB/OL].（2021-04-25）[2023-08-17]. http：//www.moe.gov.cn/srcsite/A06/s3321/202104/t20210425_528077.html.

多方面都得到进一步的升华。

例如，学生在学习完植树问题掌握了计算公式时，教师就可以让学生在实际生活中尝试发现类似问题，自己也可以对问题进行设计和解答。比如，在实际生活中，和植树问题相关的现象是非常多的，如暖气片、手指、桥洞……这些都可以让学生更好地对问题进行设计，并带动学生对知识进行巩固。这样的方式可以使学生感受实际生活中的数学知识和现象，能加强对于数学知识的主动构建，从而更深刻地感受到数学知识的魅力和价值，理想中的课程教学的开展效果得以真正实现。

（二）体验性的实践作业，感悟数学应用价值

《义务教育数学课程标准（2022年版）》指出：体会数学知识之间、数学与其他学科之间、数学与生活之间的联系，在探索真实情境所蕴含的关系中，发现问题和提出问题，运用数学和其他学科的知识与方法分析问题和解决问题。因此教师在设计作业时布置的作业不要只拘泥于书面形式，也可以是动手实践、体验感悟、口头叙述等多方面、多形式的作业设计。❶

例如，在"克和千克"的教学中，为了增强学生对"克和千克"的学习体验，笔者设计了如下课后实践作业：猜一猜，平常吃的生鸡蛋，一个大概重多少克？做一做，拿起一个鸡蛋掂一掂，根据你的感觉，大概是多少克？称一称，把鸡蛋放到电子秤上称一下，实际是多少克？学生通过估计、动手感觉和称量等方法，不断丰富学习体验，估计和动手相结合较好地培养了学生对质量的直观感觉，最后通过工具称量的方法，帮助学生进一步强化"克和千克"的概念。

（三）层次性的实践作业，落实因材施教理念

卢梭认为，要让学生获得知识经验和发展，就必须让他们参与各种实践

---

❶ 中华人民共和国教育部.义务教育数学课程标准（2022年版）[M].北京：北京师范大学出版社，2022.

活动。现阶段，小学生在理解能力和数学水平方面的差异性是比较明显的，这就需要教师在作业设计的过程中不能采取"一刀切"的方式，而应该做到因材施教，加大分层作业的设计，让每个学生在完成作业的过程中都能得到训练和发展。

例如，在日常教学开展的过程中，教师可以结合学生当前的知识水平、兴趣爱好等因素，综合评分从高到低地将学生群体划分为 A、B、C 三个层次。之后无论是在日常教学还是在作业设计中，教师都可以设计与其相对应的难、中、易三类习题，可以让学生按照自己的层次加以完成，也可以让学生适当地进行提高和选择。比如，A 层次的学生做拓展类作业，B 层次的学生做提升类作业，C 层次的学生做基础类作业。每个学生都能够在完成作业的过程中更好地巩固知识，真正实现对学生学习能力的良好培养。

（四）多样性的实践作业，体现学科整合思想

陶行知先生指出：每一名儿童都具有创造的潜能。这就需要小学数学教师能够给学生提供创造的机会，让学生得到全面的解放；通过设计多样化实践作业，在完成作业的过程中引导学生加深学科间的联系，还原数学形成的过程，从而深化学生的数学认知规律，构成与其他学科的关联，促进学生综合素养发展。

例如，在学生学习"长方体和正方体的体积"时，教师可以根据学生的学习能力和教材内容设计实践作业，引导学生参与其中。教师将学生按照学习情况进行分组，每个小组从家中随意带一个土豆，测量其体积。操作前，小组成员相互讨论，确定实施方案及实验项目的各项具体内容。有的小组成员会将土豆放在装有水的长方形容器里间接求出其体积；有的小组会将土豆切成近似的长方体进行估算；有的小组将土豆煮熟压成泥，放在一个长方体容器中计算体积。学生在实践作业中集思广益，发散思维，不仅利用到长方体和正方体的体积公式相关知识，也蕴含了科学学科的实验项目的操作，由此加强了学科间的联系，还树立了团队合作意识，有效促进了学生综合能力的提升。

（五）开放性的实践作业，培养创新思维能力

《义务教育数学课程标准（2022年版）》核心素养中明确指出，创新意识主要是指主动尝试从日常生活、自然现象或科学情境中发现和提出有意义的数学问题；初步学会通过具体的实例，运用归纳和类比发现数学关系与规律，提出数学命题与猜想，并加以验证；勇于探索一些开放性的、非常规的实际问题与数学问题。❶例如，在学习完轴对称图形之后，教师可以让学生尝试依据轴对称的性质设计图形并进行展示。不同的学生运用的方法也有所不同：有的学生对楼房进行设计，有的学生则带来了剪纸图案，还有的学生用橡皮泥制作对称的泥人。学生在完成作业的过程中真正做到了动手动脑，不断实践，实践的过程中对轴对称的概念形成鲜明的认知，真正起到对知识巩固和内化的效果，课程从而也达到理想中最佳的作业设计效果。❷

四、结语

在小学阶段，数学教师应该坚持"以生为本"的原则，要根据学生的年龄、特点、综合能力等，为学生设计不同的综合实践作业，打开学生的创新思维，使学生养成独立思考的能力。数学综合实践性作业能体现数学学科属性，符合以人为本的教育理念。它是对传统课后作业的一种创新，旨在给学生创造更多实践的机会，让学生经历数学知识形成和运用的过程，从而聚焦学生数学学科核心素养，提升综合能力。

---

❶ 中华人民共和国教育部.义务教育数学课程标准（2022年版）[M].北京：北京师范大学出版社，2022.

❷ 袁丽丽.浅谈新课程理念下如何保障小学数学作业设计的有效性[J].数学学习与研究，2021（24）：90-91.

核心素养下初中历史单元任务型作业设计研究

王　婷（北京市十一学校石景山实验中学）

《义务教育历史课程标准（2022 年版）》指出"落实立德树人的根本任务，体现历史课程的育人功能，培养学生的核心素养，引导学生初步树立正确的历史观、民族观、国家观、文化观，明理、增信、崇德、力行"❶，作业作为教学的环节之一，自然也要以落实素养为目标，发挥其育人功能。但在实际教学中，如何以素养为目标，建构一套逻辑清晰的作业体系是一线教师面临的挑战。

一、任务型作业设计流程

作业的设计根植于作业目标。内涵素养的作业目标起到指挥棒的作用，具体设计流程见图 1。

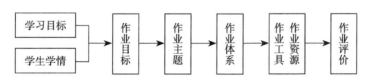

图1　任务型作业设计流程

二、任务型作业的考量因素

（一）高阶适度性

根据"最近发展区理论"，在作业设计时，要考量作业的高阶适度性，在

❶ 中华人民共和国教育部. 义务教育历史课程标准（2022 年版）[M]. 北京：北京师范大学出版社，2022.

遵循学生认知特点的情况下，为学生打造适当的施展空间，启发思维，调动学习积极性，让其体验到学习的乐趣。而如何把握高阶适度性？①基于课程标准与学情，在精准课标的基础上，进行适当上位概念的总结，从而厘定适当高阶的作业目标。此外学生的真实水平也是重要考量因素，要在作业设计前、教学完成后做好学情调查，摸清学生学习水平，发现学生共性问题，为高阶作业的设计提供参照标尺。②增强作业驱动性与可操作性，任务型作业以任务为驱动，引导学生思考—探究—解决问题。而如何增强作业驱动力？情境上，寻找学生感兴趣、熟悉的话题增强学生的学习兴趣；内容上，明晰子任务间的关系，形成紧密的知识体系；结构上，问题链的设计，前后贯通，引领学生深度思考。

（二）历史情境性

历史是过去的事情，为了促进学生了解、感受、体会历史的真实境况和当时人民面临的实际问题，需要拉近学生与历史之间的距离。因此在教学过程的设计中，教师要先设法引领学生在历史情境中展开学习活动。❶

（三）结构紧凑性

同一单元不同作业内容之间的结构称之为内向结构，任务型作业由多个子任务构成，即形成内向结构。内向结构是作业结构的指向标，而总任务与子任务，以及子任务之间的关系即架构作业结构的纽带。架构清晰的作业结构对学生的引领具有醍醐灌顶的效果。总任务与子任务之间是整体与局部的关系，子任务之间的关系有递进、平行关系等。

（四）成果多样性

在作业输出方式上，要为学生提供多种选择，既尊重学生的个性差异，又

---

❶ 徐峥. 知识的活化：历史情境化教学的三重指向及教学要义 [J]. 中学历史教学参考，2022（8）.

要激发学习兴趣，达到作业目的。例如小论文、调查报告等文字输出，画报、海报、邮票等绘画输出，视频、语音、演讲等语音输出及公众号、网页制作等信息技术输出，多样的成果展品不仅激发学生自主创新，更是学生学以致用的可视见证。

三、任务型作业设计案例

（一）作业设计

在历史教学中，笔者进行了某些单元作业的开发与实践，例如八年级上册第一单元《中国开始沦为半殖民地半封建社会》、第二单元《近代化早期探索与民族危机的加剧》，将两个单元的内容整合，其单元主题为"西方列强的侵略与中国人民的抗争"。围绕该主题，我们设计两道作业，以供学生自主选择。设计如下。

1. 作业目标

学生能通过撰写布展方案 / 制作公众号，结合具体展品，史论结合，建构本单元帝国主义列强对中国的侵略以及中国人民英勇抗争的知识框架，厘清中国一步步沦为半殖民地半封建社会的过程。在此过程中知道争取民族独立和人民解放是近代中国的历史任务，感恩保家卫国的英雄先烈，认识落后就要挨打，只有自强不息才能立于不败之地的道理。在此基础上增强社会责任感与使命感。

2. 作业内容

以物证史，以物释史，国家博物馆"复兴之路"展览是国家博物馆基本陈列之一，展现了中国走向复兴的曲折之路。让我们走进展览馆，化身展览馆的一员，体验一次策划展览活动。

（1）布展：完成"复兴之路"主题展览的第一部分"中国沦为半殖民地半

封建社会"的第二单元"帝国主义列强对中国的侵略"与第二部分"探求救亡图存的道路"中的第一单元"对国家出路的早期探索"的展览陈列（作业一）。

（2）宣传：制作、发布宣传公众号（作业二）。

作业要求：①作业一、二任选其一。②小组完成，4人一组，分工明确。③作业一需要形成具体展览方案，包括布展规划、布展内容（展厅首语、陈列展品、展品介绍等）/作业二需要根据公众号模板撰写，包括展览主题、代表展品及其介绍词、展览宣传语等）。

3. 作业工具

（1）展览陈列表（见表1、表2，供作业一、作业二）。

表1 第一部分第二单元"帝国主义列强对中国的侵略"展品陈列

序号	布展版块	版块标题	陈列展品	展品介绍

表2 第二部分第一单元"对国家出路的早期探索"展品陈列

序号	布展版块	版块标题	陈列展品	展品介绍

（2）展览方案模板：参见博物馆设计与布展微信公众号（供作业一）。

（3）公众号模板：参见国家博物馆微信公众号（供作业二）。

4. 作业评价

（1）展览策划评价量规（见表3，供作业一）。

表3 展览策划评价量规

维度	（黄金级）优秀	（白银级）良好	（青铜级）及格
主题理解	明晰作业选择——展览□ 能够准确、清晰地理解展览要求与内容□	明晰作业选择——展览□ 能够较为准确地理解展览要求与内容□	明晰作业选择——展览□ 对于展览要求及内容理解不到位或者不能理解□

续表

维度	（黄金级）优秀	（白银级）良好	（青铜级）及格
展览内容	能够紧扣展览主题□ 版块划分清晰，标题精练、准确□ 从多角度、多类型选取丰富、典型展品□ 展品介绍史论结合，表述清晰	符合展览主题□ 版块划分较清晰，标题较准确□ 展品不典型或者类型较少□ 展品介绍符合史实，但逻辑性不强□	主题不明晰□ 版块简单或有少量错误□ 展品单一或者出现史实错误□ 展品介绍不全面，表述不清，逻辑混乱□
展览结构	布展结构合理，能够按照"部分—单元—版块—展品"的顺序清晰、准确地编排□	能够照"部分—单元—版块—展品"的顺序编排，但逻辑思路不清晰□	未能按照"部分—单元—版块—展品"的顺序安排，顺序混乱或者出现遗漏□

（2）制作展览宣传公众号量规（见表4，供作业二）。

表4　制作展览宣传公众号量规

维度	（黄金级）优秀	（白银级）良好	（青铜级）及格
主题理解	明晰作业选择——公众号□ 能够准确、清晰地理解制作公众号的要求与内容□	明晰作业选择——公众号□ 能够较为准确地理解制作公众号的要求与内容□	明晰作业选择——公众号□ 对于公众号的要求及内容理解不到位或者不能理解□
宣传内容	公众号宣传内容明确□ 宣传的展品丰富、典型□ 展品介绍准确规范，重点突出，能够充分佐证所描述的历史信息□	宣传内容明确□ 宣传的展品典型性不强，或较为单一□ 展品介绍较为准确规范，能够佐证所描述的历史信息□	宣传内容不突出□ 宣传展品不具代表性或者出现史实错误□ 展品介绍简单，忽略较为重要信息，或者出现史实错误□
传播效果	配图、动画等准确、精美□ 文字内容非常生动、流畅□ 版面美观，吸引力强□	配图准确、清晰□ 文字内容比较生动流畅□ 版面合理，整洁□	配图不太准确、不太清晰□ 文字内容表达一般，缺乏生动性□ 版面简单，或混乱□

（二）作业设计解读

因博物馆"复兴之路"展览陈列主题与本单元教材内容高度一致，因此该作业以博物馆"复兴之路"展览作为依托设计作业内容，主题明确，重点突出。从博物馆展览情境切入，联系学生实际生活，将历史与现实完美结合，增强学生体验感与兴趣感，进入情境后，学生的作业任务明确，即围绕博物馆展览主题布展陈列、制作公众号。该任务源于教材知识又高于教材，高阶适度，在学习工具的指导下，让学生自主解读主题，然后围绕主题搜集整理相关资料并进行分类，划分版块，然后选择相应的典型展品，并搭配展品信息，最终形成展览布展方案与宣传公众号。该作业路径清晰，横向为大主题—小主题—版块标题——展品例证；纵向为中国逐渐沦为半殖民地半封建社会的过程以及中国早期近代探索的过程。该结构不仅为学生提供了可视化的思维路径，而且帮助学生将零散的知识整合在一起，从整体上把握单元框架，深度理解单元主题。

同一主题下，我们为学生提供可供选择的作业，尊重了学生的差异，满足了学生的个性化需求。学生可以根据自己的喜好、特长选择作业，发挥其创造性；此外小组合作的方式同样能够达到以上效果，双管齐下，让学生感受到作业的亲和力。作业完成后，为了便于学生自评、互评作业成果，我们为学生提供了评价量规，学生可以根据评价维度条目化、可视化地检测作业质量，从而及时反馈、完善。总之，该任务型作业与传统作业相比，其开放性、自主探究性、可操作性、逻辑性等使得作业成为锻炼学生历史学习能力、培养历史思维、解决历史问题、浸润历史核心素养的重要途径。

四、结语

为落实核心素养并且真正达到作业减量增质的目标，作业设计开发变得迫在眉睫，而任务型作业从作业目标到作业内容到作业评价，为我们提供了一种以学生为主体，考察其能力，浸润素养的路径，使得作业真正发挥其功能，与课堂协同发力，纵深历史课程教育育人的作用。

第四篇

协同视野下依托课题提高课后服务质量的研究

让课后服务成为
"三个课堂"高质量推进的新引擎

郭　辉（北京市石景山区古城小学）

　　"双减"政策落地，古城小学从为党育人，为国育才的政治高度出发，秉承"生命教育"的办学理念，通过多维考量、多方联动、多措并举，使课后服务成为驱动"三个课堂"深入推进的新引擎，让学生心中有梦、眼中有光、脚下有路。

一、培根筑基，巩固"第一课堂"学习成果

　　"第一课堂"以严格执行国家课程计划与要求为任务驱动，以学科素养目标达成为主要目标。课后服务以生生互动、师生互动的方式完成课业辅导，助推了"第一课堂"及学生学科素养的深度发展。

（一）形成"三严三增"作业管理体系

　　作业是课后服务的重要内容，是评价课后服务质量的第一印象。古城小学形成"三严三增"的作业管理体系：一是严控"两张皮"，增强课内作业针对性，聚焦学科关键能力；二是严控"机械训练"，增强学科作业趣味性，引导学生走进社会，走进生活，实现共性和个性和谐发展。三是严控"一刀切"，增强学生作业选择性。以学情为依据，控制难易程度，逐步形成梯度作业菜单，满足学生个性化需求。

（二）构建"学、玩、研"作业设计模式

北京市石景山区古城小学立足基础作业，积极探索个性化作业，把"兴趣"设计到作业中，把"自主"凸显在活动中，把"生活"融入探究中，构建"学、玩、研"作业设计模式，形成围绕某一主要学科知识点多学科延伸拓展的作业群。

1."学"作业

采取"学科＋"的设计模式，围绕某一主要学科知识点设计多学科延伸拓展的作业群。当"研学"遇见"端午"，学生利用废旧纸袋设计盛放粽子的礼品袋，袋子上既有数学规律的图案，又含有端午的节日元素，将数学知识与手工、绘画同频共振，着力提升学生的学科素养。

2."玩"作业 ❶

以实操作业为主，通过动手制作等实践活动丰富作业体验，从课内到课外，从书本到生活，从纸笔到实践，为学生搭建了"美美与共、各美其美"的展示舞台。开展"科技战疫，筑梦未来"主题实践活动，学生们"玩转科学实验"，体验探究的乐趣，感悟科学的真理；制作"神舟运载火箭"模型，用巧手与智慧致敬航天英雄，放飞逐梦未来的美好心愿；打响"鸡蛋保卫战"，培养学生自主探索、大胆创新的精神；进行"DIY 纸桥承重"智慧大挑战，引领学生知行合一，智慧成长。

3."研"作业

引导学生以研究思维关注生活真问题、热点问题，运用所学的学科知识，采取体验、调查、讨论、研学等形式，培养学生的研究思维，提升学生处理分析问题的能力。以"我家的垃圾桶"为例，学生调查后发现自家垃圾桶不能满足垃圾分类的条件，通过头脑风暴，综合运用已有知识，并借助垃圾桶设计软

---

❶ 许闪鹏.让课后服务成为"三个课堂"高质量推进的新引擎 [J].陕西教育，2021（12）：19.

件改进自家垃圾桶，将创意和方案转化为有形物品，在研究中培养创新思维，在劳动中提升环保意识。

"第一课堂"是严格执行国家课程及地方课程的教育教学"主阵地"。学生在"第一课堂"上的知识生成、技能训练、情感习得在课后服务中得到拓展和提升，让学生学有所获。

二、多元融合，促进"第二课堂"特长发展

第二课堂主要是以发展学生兴趣特长为任务驱动，以实现学生个性化发展为主要目标，课后服务社团的自主性、指向性、时效性助推了"第二课堂"学生爱好特长的培养。

（一）依托"德育课程"，多元推进

以"育一粒真的种子，做一片善的叶子，成一棵美的大树"的教育主张为引领，依托每周"德育活动"时间，开展二十四节气主题活动，传承博大精深的中华传统文化；以国际宽容日、"119"消防安全日、国家宪法日等重要节点为契机，进行团体心理辅导、心理剧体验、安全疏散演练、宪法知识答题等实践活动，在活动中弘扬宪法精神，健全人格品质，提升自护能力；设立普法教育的"法治长廊"，开启"法治小讲堂"活动，在寓教于乐的讲解中，增强法治观念，提升法律意识，引导学生"系好人生第一粒扣子"。

（二）依托"兴趣社团"，特色推进

学校不断探寻美育教育的融合点，将历史悠久的传统文化精髓融入"艺术畅想课程""民族版画""手工剪纸""民间面塑""皮影艺术""民族舞蹈"等特色兴趣社团，让姹紫嫣红的艺术之花精彩绽放。创意剪纸，在光影变幻中，体验影子游戏的无限乐趣；超轻黏土，在家居设计中，感受艺术创作的多姿

多彩；变废为宝，在动手实践中，培养独具特色的创新思维；武术社团，在强身健体中，传承源远流长的中华文化……每逢活动时间，孩子们分赴校园的各个功能教室，歌声荡漾，舞步飞旋，妙手生花，琴音缭绕……既做好减轻学生过重的作业负担和校外培训负担的"减法"，又做好促进学生全面发展、张扬个性的"加法"。

（三）依托"阳光体育"，整体推进

全面推进"阳光体育"工程，召开以"阳光满校园，运动享健康"为主题的系列体育嘉年华活动。将阳光体育与会操比赛相结合，在素质操练中，健全身心，增强体质；将阳光体育与趣味游戏相结合❶，在体育活动中，涵养品格，提升素养；将阳光体育与校园竞赛相结合，在田径比赛中，磨炼意志❷，增强体魄；将阳光体育与北京冬奥会相结合，在"冰雪游戏班班传"活动中，传播冰雪文化，践行冬奥精神。

（四）依托"节日文化"，创新推进

依托多姿多彩的校园节日文化，让学生在五彩斑斓的艺术大餐中放飞梦想。"快乐读书节"品赏脍炙人口的古典诗文，吟诵荡气回肠的古韵童声；"缤纷书画节"沐浴传统文化的书香墨韵，描绘绚丽多彩的动人画卷；"艺之美音乐节"演唱慷慨激昂的红色歌曲，赓续薪火相传的中国精神，为学生搭建"展慧心灵性，扬个性特长"的艺术舞台。

学生在"第二课堂"上的兴趣培养、特长发展、个性塑造可以在课后服务中得到延伸和提升，从而让学生学有所乐。

---

❶ 许闪鹏.让课后服务成为"三个课堂"高质量推进的新引擎 [J].陕西教育，2021（12）：19.
❷ 许闪鹏.让课后服务成为"三个课堂"高质量推进的新引擎 [J].陕西教育，2021（12）：19.

三、深度学习，提升"第三课堂"实践能力

第三课堂是主要以研学基地、爱国主义教育基地、文化馆、博物馆等校外教育服务设施和志愿者服务、社区服务为活动载体的课堂。以发展和提升学生综合能力为任务驱动，以培育学生核心素养为主要目的，而课后服务实践课堂以突出的综合思维创新、实践能力发展、核心素养提升，助推"第三课堂"及学生社会意识和生命意识的培养。

（一）学科拓展，培育综合素养

立足学科探究，重在知识体验、知识融合、知识延伸。打造 1+X 综合素养课程"，"1"是国家课程，指向学科素养，"X"是校本课程，指向实践能力。将校本课程植入国家课程，如语文与诵读、戏剧的亲密牵手；美术和剪纸、面塑的高度融合；体育与篮球、武术的强强联手。例如：语文学科开展整本书阅读活动，将阅读与课本剧表演巧妙组合，阅读与小报绘画相得益彰，提高语文阅读素养；数学学科利用思维导图进行单元归纳整理，将数学知识融会贯通，让学生在体验中自主感悟，在实践中主动求知。

（二）项目式学习，培养创造能力

创造性劳动是习近平新时代中国特色社会主义思想的核心理念，要开好"研究＋特长"实践型课后服务课程，开展贴近学生生活的项目式学习活动课程。走进中国汉字，通过"发现汉字之趣""欣赏汉字之美""探索汉字之光"三个主题开展一系列活动。让学生在"学习—实践—探究"过程中感受汉字的博大精深，了解汉字的光辉历史，探究汉字丰富的文化内涵。使学生在探究实践中，熟悉科研过程，发展创新思维，深化实践体验。

（三）劳动体验，涵养传统美德

基于校园"开心农场"劳动实践基地，开展拥抱自然农耕周活动，每个班认领自己的责任田，开展劳动知识培训、技能竞赛、成果展示。让学生亲历农耕劳作，观察自然生态，在"播种、浇水、除草、养护"过程中体验春种秋收的快乐，通过真实劳作感受自然的美妙与生命的可贵，把走向自然、回归生活、感悟人生融为一体。

（四）多彩实践，关注实际获得

通过精彩纷呈的学科实践活动，将知识还原于情境，关注学生的实际获得。开展"益智运动会"，学生们在奇妙无穷的益智游戏中比拼智慧，百变七巧板、巧移汉诺塔、玩转飞叠杯、巧解五连环……为学生提供了"益想天开，智取未来"的展示舞台；开启"智慧节，研学乐知行"主题实践活动，学生们绘制多姿多彩的思维导图，创意五彩斑斓的益智器具，体验精打细算的购物达人……展示最强大脑的奇思妙想，让学生们在实践中滋养创造的灵性。

学生在"第三课堂"的实地调查、综合探究、行为养成可以在课后服务中得到锻炼和提升，从而学有所用。

学校通过"星级评价榜样示范""现场展示精彩一刻""媒体宣传快乐成长""社会开放有效融通""专题汇报展示成果"五大课后服务评价，为学生搭建美美与共、各美其美的展示平台。

北京市石景山区古城小学将继续乘着"双减"东风，不断加强课后服务对"三个课堂"的有效驱动，将课后服务打造成为推进"三个课堂"改革的新引擎，用心、用情、用爱做有温度的教育，驰而不息地在更加优质、更为均衡上发力，不断推进教育新需求、新供给、新生态的实践探索，努力办好人民满意的教育。

聚焦"双减"目标，做好课后服务工作的实践与思考

邢东燕（北京市石景山区炮厂小学）

"双减"的目标就是减轻学生作业负担，减轻校外培训负担。聚焦目标，"双减"政策中给出了多条路径，其中，"提升学校课后服务水平，满足学生多样化需求"就是其中重要的关键一环。

一、聚焦"双减"目标，制定课后服务原则

学生是课后服务的对象，家长是课后服务的最大关切者，课后服务一是要解决家长上班时的后顾之忧，二是要满足学生发展过程中的个性化需求。因此，在做好课后服务的时候要注意如下原则。

（一）选择性

这里的选择性主要指时间的选择性和内容的选择性。每个家长的工作不同，他们的下班时间不同，因此他们的个性需求也不同，对学生的成长期待以及课后服务的期待更有差异。故课后服务要注重时间和内容的多元化，供家长和学生选择，让他们根据自己不同的需求选择不同时段不同内容的课后服务。

（二）丰富性

课后服务的内容丰富了，学生才有可选择的余地，学生才能根据自己的喜好参加课后服务，使自己在课后服务的过程中得到各种发展，促进自身多方面素养的提升。

（三）趣味性

学校是学生学习生活的地方，不仅要体现学园特性，也要体现乐园特性。学校提供的课后服务是学校办学体系中的一个重要环节，需要学生快乐参与、快乐学习、快乐实践。故学校要增强课后服务内容的趣味性，让学生喜欢课后服务的课程，乐于参与到课后服务中。

（四）基础性

课后服务有着明确的要求，就是要满足大部分学生在校内完成家庭作业，保证每天的体育运动时间。在课后服务课程设置中，要注意这些基础环节的落位，保障课后服务的基本要求。

（五）安全性

课后服务不同于一般的教学行为，它的地点、内容，甚至授课的教师都会发生变化，因此，要注意课后服务的安全性，确保设计科学、规范，建立健全安全管理制度，为孩子提供一个健康安全、细致贴心的生活服务。

二、聚焦"双减"目标，寻找适合的实施方式

合适的才是最适合的。关于课后服务，要求周一至周五全覆盖，每日15：30—17：30全覆盖。但每个家庭具有不同的特质，学生的心理、生理特点不同，年龄大小不同，家庭条件不同等，因此，学校要寻找适合的实施方式，让大多数家长根据自己家庭的不同情况进行自由选择。

例如：学校将15：30—17：30分成两个不同时段，在每个时段中制定不同的课后服务内容，家长可以根据不同的需求选择不同的时段参加，每日15：30、16：30、17：30均可接学生。加之，周一至周五每天的课后服务课表提前发

到家长手中，家长也可以自由选择课后服务的天数，大大提高了家长的自主选择权。

三、聚焦"双减"目标，确定课后服务内容

学生对世界保持着强烈的好奇心与求知欲，有多种多样的学习需求，学校需要遵循教育规律和学生成长规律，提供尽可能多的课后服务项目。根据课后服务要求以及学生年龄特点、兴趣爱好，可以开展丰富多彩的科普、文体、艺术、阅读、劳动等课程或社团活动，并设有专门指导学生完成作业，帮助拓展学习的课程服务。学校将丰富多彩的课程内容向家长和学生公布，秉承自主自愿原则。有特殊需求的家长可第一时间告知班主任，学校做好协调工作，为家长做好服务（见表1）。

表1 课后服务课程安排

时间	周一	周二	周三	周四	周五
15：30—16：30	●武术 ●军事课程	●班级体育 ●飞盘课程	●科技课程 ●绘画课程 ●音乐课程 ●信息课程 ●武术课程 ●儿童剧场	体育游戏	●硬笔书法 ●水墨画 ●立体纸工 ●传拓艺术 ●武术课程 ●舞蹈课程
16：30—17：30	辅导答疑	辅导答疑	辅导答疑	辅导答疑	辅导答疑
	阅读课程	益智棋类	劳动技能	绘画课程	户外游戏

这样的安排涵盖学生德、智、体、美、劳五个方面，既有学校特色培养的大目标，又有学生个性发展的小特长。在第一时段，为学生提供了多种课程内容供学生选择，既丰富了阳光体育一小时的活动内容，又让学生每天都有不一样的收获。在第二时段，主要是保障学生在校内完成家庭作业，学生完成作

业后，学校还为他们提供了丰富的活动内容，让学生每天都在愉悦的氛围中结束一天的学习生活。

在此基础上，根据学校的优势与特色，适时打通课时安排，开设在地化的多学科整合探究实践主题课程。例如：通过情系天泰山系列课程《打卡南马场》《寻秋慈善寺》等，丰富学生实践内容，增强学生责任意识，提升学生综合素养。

四、聚焦"双减"目标，注意课后服务的问题

根据"双减"要求，为达到"双减"目标，学校必须要做出适当的选择、回应和行动，在实施过程中还要注意如下问题：

（一）加强课后服务管理，保证课后服务质量

当校内课后服务逐渐取代校外培训，课后服务质量是家长的重要关切点。由于学生施行走班管理，每个时段的课程教师都要施行点名制度，确保每个学生到位参加活动。在课后服务课程中，学校要成立巡视监控小组，对课后服务质量进行监控保障，每一位课后服务的教师都要针对课后服务内容的完成情况、纪律情况或者学生完成作业情况等进行反馈。学校依此掌握课后服务的真实情况，以此保证课后服务的质量。学校还要完善安全管理制度，明确课后服务人员责任，加强对师生安全卫生意识的教育，落实严格的交接班和应急管理预案，确保学生人身安全。

为保障课后服务质量，学校对校外培训机构也要制定准入机制，与学校共同制定教学计划。保证每次课堂都有本校行政或教师的巡视，发现问题及时解决，保证课程质量。每次课后要将学生的学习情况和学习效果发到相应群中供学校随时验收。

（二）注重校内资源与校外资源的整合

学校日常教学多以学科教学为主，兴趣活动为辅，基本上是在学校能力范围之内提供有限的服务项目或相关课程，对家长、学生多样化的兴趣需求难以一一满足。因此，学校要拓展和整合校内外资源，建立一个相互支持、相互赋能的协作共同体，共同做好课后服务工作。首先，应当利用好校外的力量，发挥校外培训机构、在线教育资源、周边企事业单位、专业机构以及家长等的作用，丰富课后服务的内容。其次，应充分利用学校场地和器材库中的物品开设创新性课程，吸引学生的参与。最后，应整合学校经费资源，让有限的经费发挥最大的效益。

（三）兼顾教师学生双主体

教师是课后服务的主力，教师参与课后服务的积极性、参与的状态直接影响课后服务工作的质量。课后服务不是简单"照看"学生，需要教师提前准备，有组织地进行，这对教师提出了更高要求。课后服务工作无疑给教师带来更大的工作压力。在保障学生享受课后服务的同时，学校还要考虑教师的身心发展与身体状况，合理安排课后服务工作。

首先，为了做好课后服务工作，组织校内教师积极参与到课后服务中，对全体教师解读大会精神、文件要求、学校制定的方案以及课后服务课程安排，人员分工及课后服务中答疑、活动课程要求，为保障课后服务工作质量打好基础。

其次，在人员安排的过程中尽量照顾到身体弱、家庭负担重以及有特殊情况的教师，尽量减少教师课后服务的次数，保障教师身心健康。

最后，校内施行教师"弹性上下班制"：当日有课后服务看管任务的教师17：30放学后学生接送完毕方可下班，其他教师16：30下班，最大限度地保障教师的权益。

（四）做好家校沟通，形成"双减"共识

家长的支持和理解是落实"双减"要求，做好课后服务工作的关键。

首先，要努力形成课后服务工作合力。课后服务工作不是学校一言堂的工作，需要召开家委会共同商议，有了家长的意见和建议，课后服务工作才能更好地契合家长的心声。在共同商议中，让家长了解"双减"的目的、意义，只有在思想上达成共识，才能更好地开展工作。

其次，通过一封信将学校课后服务的时间、内容发布给家长，让家长针对自己的家庭情况在网上自愿选择。这样的选择是家长的自愿行为，他们的认可度就会大大提高。

最后，学校要及时发布学生在课后服务中的学习状态、学习内容、学习效果，无论是公众号的发布还是班级群中学生的照片或作品，当家长看到学生的信息时，也会得到家长的肯定。

这样，通过家校的沟通，让家长快速得知学生的课后服务情况，他们对学校的工作就会多一份信任，多一份理解。

五、聚焦"双减"目标后的课后服务效果评价

自丰富课后服务内容以来，学生 100% 参与到学校的课后服务中，其中参加课后服务到 16：30 的比例为 100%，到 17：30 的比例达到 70% 以上。课后服务开展两个月后，学校对家长和学生分别进行了满意度调研，调研结果如下：

（1）家长问卷中，家长支持学生在校参加课后服务的占全校学生人数的94.87%。学校开展课后服务后，孩子在课外机构或者线上上课的情况减少了35.9%。可见，家长对课后服务有需求，并对学校开展课后服务具有较高的信任度和认可度。学校应力争让开设的服务课程更有吸引力，服务内容设计更贴心意，才能把学生真正留在学校。

（2）家长对课后服务的满意度达到 97%，学生对学校课后服务的满意度达到 100%。学校开设以提升学生综合素质为基础的课后服务课程形式多样、服务内容丰富，为学生提供了学习和发展空间，得到了家长和学生的认可。

（3）参加全程课后服务的同学中，在学校能够完成作业的情况为：三年级占 93%，四年级占 100%，五年级占 83%，六年级占 100%。说明课后服务有效地减少了学生回家的作业时间，使学生能够有更多的时间参加体育锻炼和其他亲子活动，有利于学生的健康发展和家庭的和谐幸福。

总之，课后服务关乎学生的成长，关乎家庭的稳定。因此，学校要切实增强教育服务的能力，着眼于学生的终身可持续发展，构建更加丰富的、具有儿童视角的课后服务内容，保障每个学生健康成长。

多种途径开展心理健康教育课后服务的探索与实践

白　晔（北京教育学院石景山分院研修员）

北京教育学院石景山分院心理健康教育研究中心于 2022 年组织全区 18 所中学心理教师多途径开展心理健康教育课后服务，探索心理健康教育课后服务各途径的内容设定、过程方法、实际效果等。

一、以专题选修课为途径开展心理健康教育课后服务

（一）主题内容设定

根据教育部《中小学心理健康教育指导纲要（2012 年修订）》，专题选修课一般分为认识自我、学会学习、人际交往、情绪调适、升学择业（含生涯规划与管理）、生活和社会适应六大模块内容。每一模块可构成一门选修课程，在不同年级，不同课后服务时段统筹安排，供学生选择。

（二）课后服务实施方法及策略

由专职心理教师任教，在中学各年级开设。遵循营造积极氛围、选取积极内容、培育积极品质、触发积极体验的原则和面向真实生活、注重活动体验、植根中国文化的设计思路展开。强调在当堂和短期可见的认知、情绪情感、行为目标的基础上，埋下人格导向的种子，指向更加内化而持久的效果。重视贴近现实的情境创设和情境中的真实体验。

二、以科普宣讲为途径开展心理健康教育课后服务

（一）主题内容设定

科普宣讲的主题内容从认识自我、学会学习、人际交往、情绪调适、升学择业（含生涯规划与管理）、生活和社会适应六大方面设定，突出面向全年级的普及性、发展性，结合起始年级、中间年级、毕业年级的特点确定具体内容。各校结合校本特色在课后服务时段开展心理健康教育科普宣讲，例如：借助学校科技节开展"根据兴趣、能力分析升学择业方向"主题讲座；配合学校读书节开展"了解和适应中学生活，形成良好习惯"科普宣传。

（二）课后服务实施方法及策略

由心理教师主导，利用"家校社"资源邀请相关专家或相关学科任课教师参与筹备和实施。科普宣讲的形式有主题讲座和宣传活动两大类。主题讲座面向学生、教师或家长，根据年级特点确定主题，可通过线下＋线上、直播＋回看的灵活形式开展并增加参与性、互动性。宣传活动形式多样，具体包括：分发或发布知识普及材料；提供科学心理测评；组织征文、观影、参观等活动；开展团体辅导、角色扮演、沙盘游戏等体验活动。

三、以主题实践活动为途径开展心理健康教育课后服务

（一）主题内容设定

主题实践活动分为文学类、艺术类、社会生活类、文化交流类四大类主题，重点完成心理健康教育"人际交往""生活和社会适应"两大模块教育内容，培养社会类、超越类积极心理品质，激发"人际交往""生活和社会适应"领域的积极心理体验。

（二）课后服务实施方法及策略

由心理教师联合不同学科任课教师以跨学科项目式学习的方式共同策划、设计和实施。结合综合实践活动，充分利用社会大课堂资源，每年级每学期开展 1~2 项心理健康教育主题实践活动。学习内容面向生活实际和社会热点，如：利用传统节日、博物馆主题展等契机开展相关活动，挖掘心理健康教育的内涵。鼓励打破边界的多样学习方式，让学生走出校园，伴随参观、体验、实践进行知识技能学习。学习进程突出自主规划的分散学习与学校统筹的集中学习相结合，班级、小组、个人有相同和不同的任务，允许学生根据兴趣选择和设计自己的学习。学习结果具备多元的呈现方式和评价方式，如舞台展演、知识竞答、视频作品、文学作品、艺术作品、感悟分享等。

四、心理健康教育课后服务的效果评价

（一）心理健康教育课后服务设计评价

以 6 节心理活动课、6 项科普宣传讲座、8 项主题实践活动作为评价对象。依据 6 项评价指标建立评价量规，对评价对象进行打分，取评价者平均分作为最终计分，结果见表 1。

表 1　心理健康教育课后服务设计评价结果

评价指标	分值	心理活动课设计平均分	科普宣讲设计平均分	主题实践活动设计平均分
主题适切性	10	9.67	9.33	9.10
设计理念	15	13.67	11.89	12.18
目标表述	20	18.33	17.11	17.58
环节设计	25	22.67	20.89	21.35
学生任务	20	15.33	13.67	17.20
评价设计	10	8.67	7.11	9.18
总分	100	88.34	80.00	86.59

心理健康教育课后服务设计文本要规范翔实，主题、设计理念、目标、过程环节、学生任务、学习评价等要素要完整。未来，心理活动课程设计应进一步考量学生课上、课下相结合的任务设计和学习效果评价设计；科普宣讲设计的形式和参与方式可以更加多样化，提高学生的参与感、融入感。

（二）心理健康教育课后服务实施评价

选取与心理健康教育课后服务设计相同的评价对象。依据15项指标建立评价量规，记录评价者平均分，结果见表2。

表 2　　心理健康教育课后服务实施评价结果

评价领域及分值	评价指标	心理活动课平均分	科普宣讲平均分	主题实践活动平均分
教育教学背景 20分（5分/项）	选题	4.67	4.61	4.40
	氛围	3.67	3.61	4.18
	本土化素材	4.67	4.61	4.58
	创新点	3.67	3.67	4.35
教师表现 30分（5分/项）	积极引导	4.33	4.33	4.20
	积极评价	4.67	4.67	4.35
	分享积极经验	4.00	4.33	3.80
	创设积极情境	3.89	3.89	4.45
	培育积极品质	4.67	4.11	4.60
	激发积极情绪	4.33	4.33	4.58
学生表现 50分（10分/项）	积极参与	7.78	8.33	8.10
	积极经历	7.33	7.33	8.23
	资源积累	7.56	7.56	7.20
	积极情绪	7.89	7.33	8.35
	积极品质展现	7.89	7.33	7.88
总分		81.02	80.04	83.25

心理健康教育课后服务三大途径——活动课、科普宣讲和主题实践活动，

各具优势，也各有提高空间，宜同时关注、同时开展，以期实现优势互补。未来，心理活动课需要更加关注学生的真实经历与体验，课程结构、形态更加多样化。科普宣讲有必要以系统、创新的方式指向学生稳定的积极人格品质的形成。主题实践活动应加强积极经验的分享和积极资源的积累，引导学生形成系统的经验和可用的资源。

综上所述，心理健康教育课后服务实现了四项创新。第一是模块化可选课程的实施，以内心"减负增效"为核心，以素养为导向，为学生的心理保健、心理发展提供系统化的知识普及和技能训练。第二是学科融合，借助主题实践活动和科普宣讲把心理健康教育融入学生日常学习、生活，体现校本化的特色，发挥心理教师专业服务属性，也让更多学科教师参与到心理健康教育工作中。第三是兼顾共性与个性化需求，既有面向全员的发展性课程，又有个性化可选的主题实践任务和展示交流方式。第四是心理健康教育课后服务的多种效果评价方式充分说明了其在设计与实施方面的优化进程和在学生积极心理品质形成方面的显著效果。

"双减"背景下课后服务的设计与实施

——以《绕口令》兴趣班为例

许晓芝（北京景山学校远洋分校）

一、开设背景

2021 年秋季学期伊始，各学校积极筹划课后服务兴趣班的开设，这源于"双减"政策。笔者所在的北京景山学校远洋分校依据"双减"政策进行顶层设计，秉承"立德树人"目标，开设多种兴趣班。笔者设计的《绕口令》兴趣班如期开展并按计划实施。

二、设计原则与目标

（一）以学生感兴趣的内容为切入点

通过对学生的随机调查，笔者了解到：口才与表达、演讲、小主持人、儿童剧表演等是学生较为感兴趣的课外兴趣班。可见，表达类的拓展训练兴趣小组较适合该年段学生，而绕口令在上述兴趣班中是一种独特的训练方式。

（二）以培养学生的文化素养为目标

练习绕口令能够锻炼学生口才，提高语言表达能力，还能在练读过程中培养学生大脑反映事物的敏捷性，为学生讲好普通话提供锻炼机会。

同时，《中小学传统文化教育指导标准》在课程内容"技艺"板块中指出1 至 3 年级的学习内容有：学说（玩）童谣、拍手歌、绕口令、灯谜、歇后语、属对等文字游戏。❶ 因此，学生借助"绕口令"这种独特的文字游戏，能实现对中华传统技艺的学习，提升文化素养。

因此，聚焦"双减"，立足学生"兴趣点"，开设"绕口令"兴趣班能有效落实"立德树人"目标。

三、绕口令课程内容的设计

（一）课程内容的选择依据

绕口令发展至今，条目数量多，因此需紧扣兴趣班开设的育人目标，依据"适应性"原则，从中选择符合低段学生年龄特点以及心理发展阶段的内容。

（二）课程内容的素材来源

1. 经典书籍

绕口令作为口口相传的传统文字游戏，并没有具体的作者。相关的书籍有《绕口令集锦 / 训练》《绕口令 300 首》等。经过反复甄选，将中国传媒大学出版社出版的《播音员主持人训练手册（绕口令）》作为课程内容的素材主要来源。

2. 音视频资源

在网上输入"绕口令"，有丰富的音视频资源。这些资源经过认真筛选，可作为文本内容较适宜的补充与完善。

---

❶ 中国教育学会. 中小学传统文化教育指导标准 [M]. 北京：北京师范大学出版社，2019.

（三）课程内容的组织与呈现

1. 以周为单位

课后育人体系立足满足学生个性化、差别化、实践性需求，所以兴趣班种类较多。绕口令兴趣班一周一次，一次 60 分钟，笔者设计的绕口令课程内容也以周为单位来开展。

2. 注重层次性

从音节的选择上来讲：双声、叠韵、合辙押韵与平仄交错使用；从句式的安排上来讲：多选用节奏明快的短句，选用故事性较强的顿歇匀整的长句。

以第 1 周至第 3 周为例，课程内容与目标见表 1。

表 1　第 1~3 周的课程内容

周次	内容	练习重点	目标
1	歌曲《中国话》 相声《绕口令》 《扁担长板凳宽》 《葡萄皮儿》	初识绕口令	借助经典绕口令，认识绕口令的基本特征，感受其故事美与韵律美
2	《八百标兵》 《白帽和白毛》 《分水岭》 《蜂和凤》	声母 b、p、m、f	1. 掌握本周音节的发音要领，感知绕口令的语言美、故事美与韵律美 2. 借助多种形式，在读准、读通的基础上读懂绕口令 3. 通过竞技游戏的方式，小组合作熟读绕口令
3	《风吹藤动铜铃响》 《桑树与枣树》 《学时事》	声母 d、t、n、l、z、c、s、zh、ch、sh、r	

四、绕口令课程的实施

（一）活动策略

练习绕口令，不只是为了某个发音的准确或追求速度而一遍一遍读。笔者在教学实践中总结了以下基本活动策略：读准、读通、读懂、读熟。

1. 读准

学生自主朗读,遇到生字,可利用多种识字方法与组员进行讨论确定;随后进行小组展示,如遇有展示小组读音错误的,进行更正,如无误,则进行下一小组的朗读;通过循环朗读,所有同学都能准确规范地发好每一个字音。

2. 读通

在读准的基础上,学生基本能将绕口令读通,在遇到读音相近或较为拗口的字词时会有磕绊,组内成员通过"你读我听、我读你听""我为你加油"的形式互相鼓励,将文本读通。

遇到停顿较多、节奏较复杂的绕口令,则通过添加断句符号,引导学生学会换气;通过范读,引导学生跟读,进而将每一句话读得流利、自然。

3. 读懂

正如低幼儿童不理解古诗,但可跟着大人或音频背诵古诗一样,学生在读通绕口令时,实际上并不一定理解文本的含义。为此,笔者或鼓励学生用自己的话说一说文本含义,或请学生用图画的形式表达抽象文字,或利用"抢答游戏"激励学生开动大脑思考,将文本转化为形象的画面,从而准确理解内容,不被易混词汇"绕"进去。

4. 读熟

在读准、读通、读懂的基础上,通过:表演读、拍手读、快读、转换角色读、对读、交替读、接龙读、竞赛读等多种形式,加强练习,以做到用气熟练自如、吐字清晰、快而不乱。

(二)游戏促教学

在小组合作的基础上,笔者使用较多的游戏,引导学生乐学、好学、善学。

1.抢答游戏

在学生读准读通的基础上，组织全员进行"抢答游戏"，就绕口令的内容进行迅速提问，要求学生在尽可能短的时间内予以回答。此方法能提高学生思维的灵活性和快速反应的能力，激励学生处于主动思考的氛围中。

2.接龙游戏

全班每人读一句，你接着我的读，我接着你的读，以续的方式上下联系起来，读完整则绕口令。这种方法能够既促进学生"反复朗读"，又能乐此不疲，对练习保有较大的兴趣。

3.击鼓传花

每位同学在读准、读通、读懂、读熟后，都特别想展示。怎么办呢？采用"击鼓传花"的游戏，让每一位同学的精神保持高度集中。

4.计时挑战

同一则绕口令，每个人朗读的速度是不同的，哪怕是在读熟练后，也存在差距。

课堂中，笔者采用"看谁说得快""看谁进步大""基准时间比一比"三种计时方法，激励全体学生朝"说得快"努力练习，同时又促进每位学生每次练习产生"增值效果"。

五、绕口令课程的实施效果

（一）整体反馈

自开课以来，学生上课前后的表现发生了明显变化：从最初被动的、消极的反馈，转变为期待的、积极的反馈（见表2）。

表 2 学生上课的前后对比

项目	开课之初	截至目前
课前心理	我饿了	今天我特别在线
学习状态	我腮帮子疼	一点都不累
	还要读啊	什么时候才开始读啊
学习效果	这个音太难了	我居然能读得这么好
课后心理	终于放学了	这么快就要放学了

（二）个体访谈

笔者通过与来自不同班级的学生聊天，提出了 3 个问题，得到如下反馈。

问题 1：你喜欢《绕口令》吗？学生反馈：都喜欢。

问题 2：为什么？学生反馈：①特别有趣，绕口令绕来绕去非常有意思。②在课堂上能听特别有趣的故事，也能讲故事给别人听。③练习绕口令能训练读音，对我的朗读有很大帮助，感觉自己能读好了。④练习绕口令能帮助我学习英语，因为英语中的一些发音比较绕。⑤家里的玩具都玩腻了，我回家能和爸爸妈妈一起玩儿绕口令。

问题 3：你最喜欢课堂上的什么环节或形式？学生反馈：①最喜欢"击鼓传花"的游戏。②最喜欢"小组合作"，因为大家能互相帮助，自己的进步特别快。③最喜欢个人挑战赛，因为特别刺激，希望每堂课上都有挑战赛。

综上所述，在绕口令兴趣班游戏化教学中，借助小组合作的形式，学生参与积极性有所提高，自主探究与合作沟通能力也在逐步形成，课后服务的内容也由学校延展到家庭中，无形中促进了亲子关系的和谐发展。

六、进一步的反思

兴趣班课程实施以来，取得了一定的成效，但仍处在摸索阶段。随着"双减"工作的推进，以下方面可进一步调整提升。

（一）课程内容需优化

随着学生很容易就能张开嘴巴、自如换气，口腔、唇部、舌部等发声器官的练习效率也随之提高，每一周次的绕口令的数量、密度与难度如何整合，是值得思考的问题。

（二）个体与组员的问题

目前，小组由组员自愿结合，大部分学生认识或来自同一个班级。但仍有个别同学游离在小组之外，更愿意自我展示，或只有在遇到困难时，才会加入小组。如何更好地安排、组织集体合作，要更多地整体考量，考虑每一位学生的需求。

（三）建立多元评价机制

在绕口令课程实施中，教师对学生的评价不能单纯停留在"是否读好绕口令"这一外显的学习效果上，还要从孩子学习兴趣、学习态度等方面做好延缓评价，比如：借助口头语言、体态语言等做好课堂随机评价，利用"成长记录袋"做好增值评价，鼓励学生间、小组间开展多种形式的评价，录制课堂展示音视频，以此开展家校双向合作评价，促进学生重新审视自己、家长多角度看待孩子，最终实现学生自觉主动、幸福成长。

"双减"政策下校园冰雪运动赋能课后服务的学校实践

魏佳怡（北京景山学校远洋分校）

"双减"政策的出台，是党和国家站在时代高度的战略安排，是治理学生课业负担过重、构建良好教育生态、促进学生全面健康成长的重要思路和举措。[1] 2022 年我国冬奥会的成功举办，推动了我国冰雪运动跨越式发展，越来越多的青少年开始接触、体验各类冰雪娱乐活动，参与到冰雪运动中。将冰雪运动融入体育类课后服务课程，可以满足学生个性化、差别化、实践性学习需求，在丰富课程内容的同时，也为学生搭建了通往冰雪世界的桥梁。

一、冰雪运动融入学校课后服务课程成为时代诉求

"双减"政策的提出深化了学校体育体制改革，校园冰雪是冰雪运动发展的主体之一，在冬奥大周期通过"双减"助力冰雪运动项目发展，对推动"体教融合"建设，优化学校体育发展质量，提高体育在学校和全社会教育的战略地位具有积极作用。

（一）"双减"政策为体育类课后服务课程建设提供契机

"双减"政策明确了课后服务在教育减负中的突出地位，开展课后服务是落实"双减"政策的重要举措。体育类课程作为课后服务的重要组成部分和呈现

---

[1] 李彦龙，常凤."双减"政策下我国中小学课后延时体育服务时效与保障 [J].体育学研究，2022，36（2）：33-40.

形式，能够引导学生积极参与体育活动，减轻学生课业负担，促进学生身心健康和养成良好的品德，以达到"立德树人"的根本任务。

（二）冬奥大周期下，校园冰雪计划成为课后服务课程建设的黄金支撑

随着国家体育总局《冰雪运动发展规划（2016—2025年）》的印发，校园冰雪计划正式拉开了序幕，校园冰雪计划对课后服务课程建设给予了强有力支撑。从2013年申办成功，到2022年北京冬奥会成功举办，以及后冬奥时代留下的宝贵物质文化遗产，都为奥林匹克教育、冰雪运动向学校体育课后服务融入提供了良好契机。通过冰雪运动赋能中小学课后服务是落实立德树人根本任务和"双减"要求的重要途径，是增强学校综合服务能力、有效减轻家长照护负担、保证学生身心健康成长的重要举措。

二、冰雪运动融入中小学课后服务课程的重要价值

冰雪运动具备不可替代和比拟的教育价值。将冰雪运动相关课程融入课后服务课程，不仅丰富了学生的课程内容，更是对"双减"政策"增供给、增效能、增动力、增兴趣"的落实。在引导、提升学生学习与掌握冰雪运动基本技能的同时，让学生接受、体验冰雪文化的熏陶，促进了冰雪运动教育功能的发挥，为选拔冰雪运动人才提供了有效途径。

（一）激发兴趣，促进学生的身心健康发展

与传统运动相比，冰雪运动内容丰富、形式新颖，不仅能够锻炼学生的力量、灵敏、协调，还可以提高平衡能力以及身体的柔韧性。在课后服务课程中引入冰球、冰壶、短道速滑接力、花样滑冰队列滑等集体项目，能够让学生养成良好的团队意识，增进团队凝聚力，更是"以体育人"的实现。

（二）实践、知识、活动多元融通，有效促进"三亿人上冰雪"

将冰雪运动项目多样化的课外实践、知识科普和趣味活动协同配置，让学生都切实地体验、参与到冰雪运动中去。除了冰雪运动的技能学习外，在课后服务课程中，积极开展对冰雪运动理论知识的学习，可以普及冬奥知识和冰雪常识，促进学生对冰雪运动历史的了解。组织各类冰雪活动项目，如邀请冬奥会明星进校园、组织趣味游艺赛等，营造热情向上的良好氛围。

三、"双减"背景下校园冰雪运动赋能课后服务的推进路径

（一）构建"纵向贯通、横向融合"的冰雪运动课后服务课程

北京景山学校远洋分校落实教育部"冰雪进校园"要求，聚焦"教会、勤练、常赛"精神，秉承"全面发展打基础，发展个性育人才"理念，发挥十二年一贯制优势，探索"全学段、全过程、全方位"的冰雪运动教育模式，按照"人人有体验，班班有组织，校校有活动"的原则，深化体育综合改革，把冰雪运动作为立德树人的载体，积极推进素质教育，普及奥林匹克知识，落实奥林匹克教育计划，着力培养学生冰雪运动的爱好、兴趣和技能。初步构建了"冰雪运动特色学校＋冰雪课程＋冰雪社团＋冰雪文化＋家校云"协同推进的校园冰雪运动实施格局。

1. 横向联合

学校在冰雪运动相关的课后服务课程上设计了三类内容，分别是体验类仿真冰课程、VR 滑雪机课程、技术类轮滑课程、冰上训练课程，以及知识文化类的奥林匹克知识教育讲堂、冬奥小记者课程。

2. 纵向贯通

在 1~2 年级，针对低幼年级学生的特点，冰雪运动在课后服务中的教学目的主要是知识＋体验。从奥运小故事的引入，到冰雪知识的科普，再到冰雪韵律操的学习、逐步过渡到在仿真冰上体验基本滑行技术，提高了学生对冰雪运动的兴趣、认知和基础。

在 3~4 年级，随着学生身体素质和认知学习能力的提升，在课后服务中发展轮转冰，增强脚下技术，实现与真冰的过渡，同时从以上两个阶段的学生中选取精英组织社团，聘请国家、国际级退役运动员担任教练带队训练参赛。

5 年级以上，在运动的同时全方位进行奥林匹克知识、精神的学习。学生根据自己兴趣，选择冬奥小记者、志愿者、裁判员等不同身份，在课后服务时间组成自发的冬奥运动综合体，把冰雪运动技能知识与奥林匹克精神、习惯、品德教育融为一体。

（二）注重课后服务特色，强化冰雪运动项目搭建

1. 激发兴趣提升技能，开展轮滑课程，进行"轮转冰"探索

轮滑运动有着趣味性强、场地要求低、健身效果好等多项优点。轮滑、滑冰除了在动作技术上有很多相似之处外，还都有利于提高学生的平衡能力、运动能力和抗挫折能力。基于轮滑和滑冰的天然联系性，学校大力推进"轮转冰、冰促轮、冰轮融合"，以轮滑项目作为滑冰项目的辅助，在学生逐步掌握轮滑技巧后，引导学生运用轮滑技能，挑战滑冰运动项目，实现技术技能的正迁移。

2. 课后服务课程通过"陆、冰互转"，提升冰雪运动技能

陆地训练与冰上训练相辅相成，是练习冰雪运动过程中不可或缺的一环，除了增强身体的基本素质、体能，更加强了对美的欣赏、对音乐和艺术的理解。以花样滑冰项目为例，在陆上训练课程中，我们安排了肢体舞美、基础灵活性、核心控制能力、旋转板、跳跃模仿、髋关节协调性、柔韧性等练习。

3. 冰雪文化浸润校园，冬奥教育放飞梦想

除了技能项目的学习，学校还积极开设了冰雪文化课程，将校园冰雪运动与奥林匹克教育相结合，定期开展冬奥知识竞赛活动，组织学生参与冬奥小记者营、冬奥歌词创编等活动，使学生通过多学科、多角度的学习和活动，积极投身于冰雪文化、冰雪运动中。

4. 着力冰雪社团建设，促进冰雪运动特色发展

学校成立了冰雪运动花样滑冰社团和冰球社团，从体育组选派两位老师专门负责，学校有充足的专业师资负责冰雪课程教学和冰雪活动的开展，并通过购买社会服务的方式，与其他相关社会机构合作开设冬季运动课程。

社团聘请国家级教练员，制订系统、科学的训练计划。在每周课余时间进行专业冰上训练，并利用课后服务时间开设陆上训练课程，辅助学生强化体能素质，细化技术动作，逐步提高训练水平。社团成立至今，在北京市组织的各项赛事中取得了优异成绩，并在多项重大活动中进行展示表演，宣扬冬奥文化，促进冰雪运动普及。

四、冰雪运动支撑课后服务课程开展存在的问题

（一）师资力量薄弱，冰雪运动专业人才欠缺

学生技术水平的提高需要时间和经验的积累，需要更多的专业人员在技术、资金上予以支持。冰雪训练不仅是冰上的技巧，还是体能和陆上训练课程的结合，一周一次的训练时间不足以支撑学生技术水平的快速提高，要提高训练次数；在课后服务管理人才方面，加强教师冰雪项目知识、技能的学习，更有利于带队教师管理社团工作。

（二）冰雪场地设施缺乏必要的资金支持和物质保障

除我国东三省外，拥有较为理想的冰雪运动场地的学校较少，冰雪运动场地和设施设备的安全保障系数比较低，会直接影响学校、家长对冰雪运动的认可度，也导致学生缺乏对冰雪运动的积极性。

五、冰雪运动赋能课后服务建设的建议

（一）加强冰雪教师培训，壮大冰雪运动教师队伍

加强教师培训，充分发挥冰雪运动的育人功能，遵循教育和体育规律，注重全面的冰雪知识理论讲解、教学指导和技能培训，制定规范化的《冰雪运动校园辅导员准入条件和培训大纲》，也可以结合对教学队伍的冰雪运动技能培训实施"海外引智"计划，提高教师整体的冰雪运动技能。

（二）加大资金支持力度，满足冰雪运动教学需求

与足篮排等传统项目相比，冰雪运动在基础设施建设和专业师资队伍方面，整体资金投入处于欠缺水平，需要国家和各级政府提供政策支持，应加大对校园冰雪运动的资金投入，建立相对完善的冰雪运动资金评估体系，根据相关评估结果设置分级资助体系，鼓励学校和学生积极参与到冰雪运动中来。

（三）借助社会冰雪组织的力量，提升课后服务水平

可遴选符合要求的冰雪俱乐部参与学校课后服务课程，通过冰雪俱乐部引进专业冰雪运动教练员开展冰雪运动课程教学，通过专业的师资力量，推动课程完善升级，让学生获得更专业和科学的指导。

根据课后服务课程安排，可按期聘请冬奥运动明星、专家为学生讲授相关

知识，设计体验课程让学生去冰雪运动场馆感知课堂所学内容，举办冰雪运动联赛、校园运动会等活动，让学生全方位了解、参与和喜爱冰雪运动，增强冰雪运动在人群中的热度和影响力。

引入学校与高科技企业的校企合作机制，通过提供先进的 AR、VR、模拟冰、滑雪模拟器等数字化科技成果，创新校园冰雪运动内容，为学校非冰雪期校园冰雪运动发展提供保障，实现校园冰雪运动向四季化、常态化发展。

第五篇

协同视野下依托课题关注学生发展的研究

梦想引领的高中生学业自主发展指导研究

王　曦（北京教育学院石景山分院研修员）

经过六年的研究与实践，逐步明确了高中生学业发展指导的核心："梦想引领"和"自主发展"。"梦想引领"是个人梦想与国家梦想的整合，是一种把个人发展融入国家发展的梦想，它可以具体化为学生的职业理想，是学生学习的动力，是习近平总书记所提倡的树立远大理想，成为对国家和社会有用的人。"自主发展"是在教师指导下的学生自定目标、自我努力、自我调节，获得进步的过程，在这个过程中教师是指导者和陪伴者。

一、高中生学业发展指导的三大内容

（一）学业规划与自我管理指导

学业规划是指为了提高学生的人生事业发展效率而对与之相关的学业发展所做的筹划和安排。学校对高中生的学业规划指导包括职业理想的指导、大学专业选择指导、高中三年在校选课和学校活动指导四个方面。

自我管理是指学生能够计划和管理自己的学习生活。教师可以指导学生做好时间管理、情绪管理来提高学生的自我管理能力，同时指导学生正确看待综合素质评价和学业水平测试，指导学生把综合素质评价和学业水平测试作为监控自我的有效工具。

（二）学业能力提升指导

学业能力指直接影响学生成绩的相关能力，包括认知与元认知策略和各科核心素养。学科核心素养包括各学科学习价值、学习方法及思维方法等。

（三）社会技能提升指导

社会技能主要指学生的社会适应能力，包括与人沟通能力、表达能力、问题解决、合作等能力。高中生的社会技能主要通过参与学校活动和社会实践得到锻炼。

二、梦想引领的高中生学业自主发展指导的资源开发

（一）编制《高中生学业发展指导手册》

该手册向学生介绍新高考政策，指导 14 门国家必修课程，对选修课程进行指导，指导学生如何改进自己的学习策略、如何参加社团、社会实践活动、研究性学习，如何对待综合素质评价与学业水平考试等。

手册编制了"从学业到职业发展路径指南"，帮助学生建立"高中学习—大学学习—未来职业"的链接。"从学业到职业发展路径指南"按照 12 大学科门类所对应的大学专业、未来职业、所需要的重要能力与现在的高中各种课程、学校活动或能力培养建立关系，以帮助学生合理安排高中的学习，努力塑造自己适应未来社会的能力。

（二）研发《高中生学业发展指导量表》

课题组研发了《高中生学业发展指导量表》。该量表既可以用于了解高中生学业发展能力的现状，也可以作为高中生学业发展水平的监测和指导工具。问

卷经过了信效度检验。还进行了网络版的开发，完善了量表的个人测试反馈、班级测试反馈和年级测试反馈，实现了学生测试后可以及时查阅反馈报告。

三、梦想引领的高中生学业自主发展指导的途径

（一）梦想引领，促进学生学业自主发展

学生的梦想是发挥个人所长，成为对国家和社会有用的人。学生的梦想可以具体为职业理想，通过职业实现把小我融入国家发展的大我。学生的梦想是学生谋求学业发展的动力。

实验学校组织职场人、学长进学校，介绍真实社会对人才素质的要求，组织学生开展社会调查、生涯人物访谈、职业体验等活动，开展专题讲座、主题班会、生涯夏令营、认识自我等活动，指导学生树立职业理想。

（二）学业规划与自我管理

学生是自己学业发展的主人，有了职业理想，学生还要通过学业规划和自我管理让自己的职业理想落地。

1. 用学业规划统领高中生活

学业规划是学生为了实现自己的职业理想所制订的学业发展计划。它包括自己的受教育程度、大学与专业、高中三年要提升的能力与素质等。学生的学业规划与自我管理主要由班主任结合班级管理进行指导。例如：班级宣传栏展出学生发展目标；每月学习规划进行公示；相同目标的同学组成学习小组等。

2. 指导学生进行自我管理

在学业规划的基础上指导学生制订分年级的行动计划，内容涉及必修课、

选修课、综合实践活动、社团等计划与执行情况。高一、高二涉及项目相同，但具体内容不同，可由学生自己制定，高三则完全由学生自定发展目标并进行自我监控。这样，通过学业规划与自我管理，让高中生把职业理想、大学志愿都落实到脚踏实地的高中学校生活中，用梦想引领学生珍惜高中时光，全面进行自我塑造，克服懒惰思想。

（三）各学科教学渗透，进行学业发展指导

国家开设的必修课应成为学业发展指导的重要途径，各学科教师可以成为本学科的学业发展导师。

新高考后，要求所有学科教师不仅要会教书，更要会育人。学科教师可以指导学生了解本学科的价值及与大学专业、职业的关系，了解学科发展史以及发展前沿，帮助学生找到未来发展的可能性。学科教师还可以指导学生了解本学科知识体系、学科能力要求和学习方法特点，培养学生学科核心素养以及本学科学业水平考核的内容与方法，指导学生利用学业水平测试监控、改进学习，提高学业成绩。学科教师还要负责指导学生与本学科有关的研究性学习与学科实践活动。

（四）通过学业指导课程，提高学生的学业能力

1. 学业发展指导课程的内容

高中生学业发展指导的重要载体是学业发展指导课程，包括专题课程和主题班会课程。学业发展专题课程可由心理教师开设，重点提升学生的认知与元认知策略、自我管理策略，了解大学专业、自我特点，制定学业发展规划等。学业发展主题班会课是由班主任组织，以学生为主体参与的班级学业指导主题活动。它针对学生学业发展的问题，开展讨论，指导学生学业发展实践。两类课程各具特点，互为补充，共同服务于高中生学业发展指导。

2. 学业发展指导课程的实施

学业发展指导课程的实施以校本化方式开展。例如，实验学校 1 采用高一年级开展 12 节辅导课，在高一、高二、高三每学期均再开展 1~3 节学业发展指导主题班会的形式。班会课围绕学生面临的问题开展，如高一年级侧重职业理想、了解学校课程设置与选课；高二年级侧重个性潜能和社会技能的提升；高三侧重成功案例分析和综合素质评价指导。实验学校 2 则采用高一开学前夏令营集中辅导，高中三年跟踪推进辅导的方式。

（五）通过综合实践活动，提升学生的社会技能

1. 通过研究性学习，培养学生的社会技能

研究性学习可以让学生将课内知识应用于知识探究与问题解决，帮助学生体验学术研究，还可让学生将自己的研究性学习选题与自己的生涯规划相联系，结合个性化的选科、选考以及自己的大学、专业目标进行相关领域的深入探索。同时，研究性学习需要建立研究团队、分工合作，从而培养学生合作、表达、沟通等社会技能。

2. 通过社团与社会实践，培养学生社会技能

实验学校开展了丰富的学生社团和社会实践活动，对学生社会技能的提升起到重要作用。学校利用寒暑假、节假日时间开展自然与科学探索、人文与艺术体验课程，如云南综合科考、长白山综合科考、泰山、曲阜、西安文化体验、故宫探秘、纽约艺术之旅等。开展学生公司，让学生体验公司的运营与公司角色。

（六）学生学业发展的个别指导

选科与志愿填报的个别指导。针对少量个人职业理想不清晰、个人发展方

向不明确的学生，可以由心理教师和班主任对其进行个别指导。心理教师可以借助心理测量工具，班主任可以主动发现学生问题，均可以在一定程度上解决学生的困惑。

高三模拟考试后，学校可以利用考试数据，对学生进行精准分析，分析会后形成导师团，明确下阶段的工作对象和工作目标，助力优秀学生关键能力的提升。

四、实施效果

（一）学业发展指导与学校教育教学良性互促

学业发展指导促进了学科教师的教育教学理念和方法转变，教师教书育人的意识与能力明显提高。学业发展指导为学校德育提供了生动、有效的方法，为学生核心素养的落地提供了生长点。学业发展指导与学校整体工作形成了良性循环，推动了学校的教育教学改革向纵深发展。

（二）学生的学业发展能力有所提高

采用《高中生学业发展现状调查量表》，分别在 2017 年 9 月和 2019 年 5 月对一个课题实验班进行前后测，发现实验班学生在一级指标的学业技能、了解自我、能力锻炼、自我监控四个维度上均值都有所提高（见图 1）。

（三）相关研究成果丰富

课题组的两本研究专著《高中生学业发展指导手册》和《新高考政策下高中生学业发展指导》正式出版，八篇系列研究论文公开发表。参与本课题研究的两所学校均被教育部评为全国中小学心理健康教育特色学校。

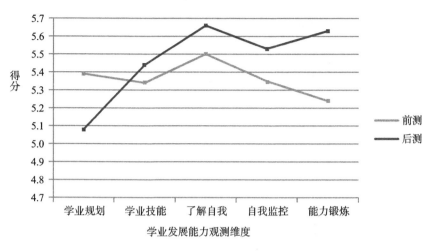

图1　实验班学生学业发展能力前后测比较

（四）成果影响广泛

本成果先后在"北京市教科研部门支持中小学发展石景山区展示活动"、北京市教育学会年会、北京市学校影响力大会等全市会议进行了公开展示。相关研究成果先后在河南、青海、安徽、湖南、山东、吉林等地的新高考改革校长培训班做经验分享，得到广泛传播。

"双减"背景下中学生
自主学习能力培养的研究

李梦莹（北京景山学校远洋分校）

一、研究背景

当前"双减"政策环境下，要求学生在教师引导下有效利用课堂之外的时间，这就对学生的自主学习能力提出了要求。

二、初中物理教学中学生自主学习能力培养的策略

有效的自主学习一定离不开老师的引导和帮助，那么如何应用有效的策略帮助学生提高自主学习能力是我们需要不断琢磨、改进的。

（一）激发自主学习内驱力

具有浓厚的学习兴趣是初中物理自主学习非常重要的内部影响因素之一，是学生开展物理自主学习的前提，我们可以从以下几个方面来激活学生的物理学习兴趣，诱发自主学习内驱力。

1. 引领学生感悟物理学之美

可以通过科学家们追寻物理之美的故事，启发学生对科学之美的追求。如在《物体的颜色》一课中，我带学生们穿越到300多年前的英国，再现当时牛

顿的色散实验，通过这一活动，学生们仿佛跟随牛顿一起发现光的色散现象，体会美妙的实验美，更探寻现象背后最根本、最纯粹的规律之美。在讲解牛顿第一定律时，从亚里士多德"力是维持物理运动原因"的观点开始介绍起，再到伽利略"力是改变物体运动"的论证，最后阐述牛顿站在巨人的肩膀上，总结得到牛顿第一定律。让学生在探求物理规律的过程中，享受美的探究过程，更体会到总结出牛顿第一定律时那种令人欢欣鼓舞的成果之美。

2. 带领学生从生活走向物理

在物理教学中将生活现象通过创设真实情境的方式呈现给学生，促使他们融入情境，产生强烈的求知欲，从而激发自主学习的内驱力。在学习光的反射时我先向学生介绍尤坎小镇的真实案例，这个小镇地处深山峡谷，由于地形阻挡，每年有很长一段时间都得不到阳光照射。这样一个真实的物理情境会激发学生的学习兴趣，使学生全神贯注地投入自主学习活动中。在"声音的产生与传播"一课中，我以"广场舞扰民事件"引入，完成这一课的学习任务后，让学生帮助想办法解决这一事件，孩子们兴趣高涨，集思广益，想出了非常多可行的好办法。通过挑战性的问题，激发学生的探索欲望，让他们主动获取物理知识，并应用知识解决问题。

3. 引导学生体会科技魅力

物理学科有其独有的魅力，是其他学科无法媲美的。引导学生了解科技前沿，体会科技魅力同样是调动学生自主学习内驱力的一个方法。比如在讲授"物质结构的微观模型"一节时，我在课堂上带领学生以科普阅读的方式学习油膜法测量分子的直径，让学生进一步对分子的大小有一个初步的概念。还向学生介绍了我国纳米材料的用途，凸显我国的科技成就，让学生更加深入地热爱物理科学，有利于他们下一步的自主学习。

（二）指导自主学习方法

1. 倡导学生课前学习

通过学生课前的学习诊断，可以将课堂学习变得更高效，我们可以在课上对重难点问题、高频考点进行突破，同时也可以将更多的时间还给孩子们。比如在《质量》一课中，课前先让学生阅读书本上托盘天平的使用方法，在课堂上请学生利用 flash 展示托盘天平的使用，并相互评价。在此基础上，学生再进行实际操作时，也能更快地上手。除此以外，还可以拓展测量质量的多种方法，锻炼学生的思维能力，这样的学习方式既高效又能培养学生的自主学习能力。

2. 鼓励学生自主探究

创设问题情境，是激发学生自主提出问题，开展自主探究实验的有效方法。以《物体的颜色》一课为例，笔者通过生活中某同学意外发现的有趣现象引入，开始研究彩虹的形成，从而展开对"光的秘密"和"物体颜色的秘密"的探究。在探究过程中，充分重视学生的主体地位，让学生主动参与，体验自主探究过程中的乐趣和成就感。

（三）提升自我监控能力

合理有效的评价手段，能够促进学生自我监控能力的提升，更能激励学生的学习热情，促进学生全方面发展。学生在课后可以利用学习效果评价表对自己本节课的学习情况进行自主评价。教师通过评价鼓励学生在学习过程中积极反思，并向学生提供反馈信息，对学生的自主学习起到指导作用，从而促进学生自主学习的意识。

三、培养学生自主学习能力的初中物理教学案例

（一）《家庭电路》教学过程

1. 课前准备

（1）学生借助物理书和微课视频预习家庭电路的组成结构。

（2）学生完成学案检测课前学习的成果并提出自己疑惑的问题。

2. 新课教学

1）教学环节一：交流预习后的共识，整合自主学习后的问题。

教师利用黑板和自制教具带领学生按顺序梳理家庭电路的结构。

（1）进户线：

【教师活动】展示学生提出的问题，引导生生互动解决问题并对学生的回答进行总结。提出问题：我们有专门的测试工具用来区分火线和零线，是什么？你还记得怎么使用吗？

【学生活动】预设：试电笔。请一位学生利用老师提供的试电笔向其他学生介绍其构造并叙述使用的注意事项。

【教师活动】询问其他同学上述学生使用方法是否正确，在学生一致认可后请该同学演示使用试电笔，在学生演示的过程中教师再次强调使用方法，并请学生结合现象说明火线和零线的判断依据。

（2）电能表：

【教师活动】带领学生复习电能表的作用。

（3）总开关：

【教师活动】展示学生提出的问题："总开关与保险丝位置是否可以互换？"

创设情境，引导学生进行思考：如果我们先装保险丝再装总开关，假设有一天我们要更换保险丝，断开总开关，更换过程中如果手触碰到火线的话……

【学生活动】积极思考，发现问题：若保险丝放在总开关前，更换保险丝时有触电危险。

【教师活动】问题拓展：这是一个闸刀开关，推上去电路接通，拉下来断开，在这里，老师有个小问题，如果将闸刀开关倒装，拉下闸刀接通，推上去断开可行吗？（出示闸刀开关正装和倒置的示意图）

【教师活动】通过创设情境引发学生思考。

【学生活动】预设学生回答：不可行，上推的闸刀可能由于重力掉落，在不该连通的时候接通电路，有触电危险。

（4）保险装置：

【教师活动】教师演示实验：分别将额定电流为1A、5A的保险丝接入电路。

【学生活动】观察实验现象，并总结：保险丝的额定电流不能过小也不能过大，应选择合适。

（5）用电器：

【教师活动】展示学生问题："用电器与控制它的开关的位置是否能调换？"创设情境引导学生分析螺口灯泡和开关最合理的连接方式。

【学生活动】利用开关和灯泡的拼图分析出最安全的连接方式。

【教师活动】引导学生回顾两孔插座、三孔插座的区别，并结合电冰箱的实例分析地线的作用。

【学生活动】在真实情境下自主分析：电冰箱外壳是金属材质的。如果电冰箱意外漏电，比如导线的绝缘层破损，插头内的火线与冰箱外壳接触，使得冰箱外壳带电，很危险。那么地线可以将电流引入大地，避免触电事故。

2）教学环节二：安全用电。

【教师活动】将学生提出关于安全用电的问题整理成"小明的故事"，通过创设情境，引导学生根据已有知识自主学习安全用电原则。

情境一：如果小明站在地上，用手接触火线，会有触电危险吗？

情境二：如果小明站在绝缘的干木桌上，不小心接触火线，会有危险吗？

情境三：这个时候好朋友小风看到，过来扶住他，会有危险吗？

情境四：小明站在干木桌上，一手摸火线一手摸零线，危险吗？

【学生活动】在情境中，观察老师出示的小图片，讨论、分析哪些行为是安全的，哪些是不安全的，并解释其原理。

3）教学环节三：课堂小结。

【学生活动】结合板书谈谈收获。

（二）《家庭电路》案例分析

本节课变革了从前的教学方式，采用"预习—诊断—整合"的课堂教学新模式，该教学模式强调三个关键词：课前学习、效果诊断、教学整合。这种学习模式提倡课堂教学前置，即把课堂上要学习的内容提前给学生，学生在课下通过自主学习完成。课堂教学起点则基于学生学习中存在的问题，根据学生的问题，整合教学资源和教学方式，组织学生交流讨论，并进行答疑解惑，反馈学习效果。在这个过程中体现出教师的"教"与学生的"学"深度融合，从而形成一个螺旋式上升的教学效果，具体分析如下：

1. 引导学生自主学习，强化课前学习意识

教师需要引导学生进行自主预习，本课中教师根据课程标准和教材分析精心制作微课视频，明确学习目标、学习内容，引导学生开展自主学习。而学生在完成课前预习任务时，要充分发挥自主学习的潜力，通过老师提供的资源（教材、微课等）完成学习内容，记录自己的问题，以备课堂上和同学交流或提问。学生不再被动地等待，而是主动地探索、获取知识，从而增强自主学习能力。

2. 多种手段诊断效果，促进学生自主学习

学习诊断是非常重要的环节，本课中诊断的手段主要是通过学生完成的前测试题、课堂提问等方式来诊断学生学习中存在的问题，反馈学习结果，帮助

后续学习任务的布置。学生通过诊断结果，反思自己的学习过程，查漏补缺，同时对学生起到指导作用，指导学生自主学习的持续开展。

3. 课内引导总结知识，课后反思深入学习

在课堂上，教师通过课堂提问检测学生的学习效果，通过展示存疑问题引导学生自主思考、分析得出答案，通过对家庭电路结构的梳理引导学生调动所学的电学知识，自主构建知识体系。

整体来说，本节课的设计非常重视学生的主体地位。学生通过本节课的学习不仅收获了知识，他们的自主学习能力、互动交流能力、分析问题等各方面能力都有所提升，最重要的是他们对物理学习的兴趣高涨，对今后的物理学习有很大的帮助。

四、结论与展望

通过平时课堂上的学生表现，以及课下与学生们的访谈得出，自主学习还是被学生们认可的。它对于激发学生对物理学习的兴趣，增强学生的自信心，更重要的是对学生独立思考和自主分析问题、解决问题等能力的培养都有着积极的作用，更有利于学生的终身学习。

在未来的日子里，笔者会继续对学生自主学习能力的培养进行研究。

利用成长币激发学生内驱力的班级管理探索

陈文鑫（北方工业大学附属学校）

一、内驱力不足："双减"背景下班级管理面临的主要困境

为落实"双减"政策，课后服务方面，北方工业大学附属学校整体规划了丰富的服务内容，学生可以根据自己的喜好选择上课内容。到校方面，学生也可以在保证充足睡眠的基础上，按时到校。但在此背景下，班上还是会出现学生无法按照班级规定时间到校，学生不愿积极参与活动，学生课后服务效率低下等现象。同时导致班级不好管理，班集体没有凝聚力这些不良影响。

产生这些问题最根本的原因便是学生的内驱力。我们理想中孩子应该可以每天按时到校，可以积极主动地参与学校和班级活动，可以自己安安静静地主动学习，全神贯注地投入学习，但是总有同学做不到。作为教师不能再用命令的方式要求学生怎样做，而是应该运用一些小的策略，激发学生的内驱力，让学生做好自己的主人。

二、理论基础

心理学家爱德华·德西和理查德·弗拉斯特在 20 世纪 70 年代提出了自我

决定理论。❶这个理论告诉我们每个人生来就有着自发的动力，这就是内驱力，去努力成长、变得更好。这种内驱力的根基有三个：胜任需求、归属需要和自主需要。当这三个基本心理都得到满足的时候，内驱力就会非常强劲，推动人不断向前。

现阶段初中生正处于少年向成熟青年过渡的关键时期，其心理发展具有半成熟、半幼稚的过渡特点，容易表露出沮丧、失意、焦虑等紧张情绪；他们还有很强的自尊心，争强好胜，敢作敢为，会忽然对某种事情感兴趣等。在尊重学生兴趣的基础上，把学生的好奇心、学习兴趣紧密结合起来，应该可以激发学生的参与性和竞争性，进而提升内驱力。

笔者认为代币制就是一种有效的工具。在行为改变的过程中，用一种不具有增强作用的物体为表征，让它与具有增强作用的其他刺激物相联结，可以使这一种表征物变成具有增强力量的东西。

在班级管理中可以合理运用代币制营造班级自主氛围，唤醒学生的自主意识，让学生体验成功提升胜任力，进而培养内驱力，相信会给班级管理带来很大的改变。

为了进一步激发学生的内驱力，引导学生培养自主学习力，下面将以班级成长币的具体实践过程为依据，来展现成长币在班级管理中激发学生内驱力的价值。

三、激发内驱力：以"自我决定理论"为基础的成长币实施策略

结合上文中提及的学生心理发展特点和内驱力三项根基建设的需求，创立班级银行，发行成长币，进而提升班级管理过程中学生的内驱力，具体包括以下四个步骤（见图1）。

---

❶ 德西，弗拉斯特 . 内在动机 [M]. 王正林，译 . 北京：机械工业出版社，2020.

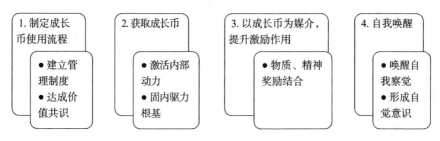

图1　班级成长币实施步骤

（一）步骤一：制定成长币使用流程

1. 以班级成长币为载体，赋予全员平等权利

首先班主任召开班委会，提议建立班级银行，使用班级成长币，在班委会成员都同意的情况下，再召开班会，征求全体成员的意见，由全体成员平等参与，这不再是班主任的"一言堂"，所有同学都有发表自己意见的权利。

2. 公开竞聘，强化学生的归属感、自主感

提议通过后，利用班会课面向班级学生进行职位公开招聘。在岗位招聘过程中，班主任需要解读岗位职责，学生根据自己的优势特长竞聘上岗。这样可以增强学生的"主人翁"意识，从而强化学生的归属感、自主感。

3. 引导学生制定成长币使用规则，达成共识

在班主任的引导和当选银行工作人员的学生的协调安排下，按部就班地设计银行宣传海报、班级成长币，制定银行规章制度和成长币使用方法等。规则制定的过程便是学生达成共识的过程。

4. 评比公开化，激发学生热情

将收支表格（见表1）张贴在班级墙壁上，学生可以随时看到自己在各个项目的收支情况，形成你追我赶的班级氛围，在学生当中起到激励作用。

表1　二班班级银行出纳表

	岗位加薪	成绩	笔记	任务单	作业	课堂表扬	改错题	比赛	助人为乐	讲题
张三										

（二）步骤二：获取成长币

由上文得知，培养学生内驱力的三项根基是：胜任需求、归属需要和自主需要。当这三个基本心理需要都得到满足的时候，内驱力会驱使学生不断发展。为此，如何将成长币的建设融入班级管理，便从这三方面需求展开。

1.增补岗位获得成长币，学生体会胜任需求

首先，要了解什么是胜任需求，就是学生在学习和完成其他一些活动中，有机会去锻炼和展示自己的才能，然后体会到有能力去完成某些事情。我们通过增补岗位，让学生发现自己的优势，创造了更多的机会让他们表现。在这个过程中鼓励学生完成工作任务，从而树立自信心，提升学生的胜任感，以此提升学生的内驱力。

心理学家武志红称："驱力来自内部的动力。"教学经验也告诉我们，学生总是对于能胜任的工作和学习越来越感兴趣，并在取得成就的过程中获得真正的满足，产生乐趣。这种乐趣来源于内心的体验，只有当学生用脑思考，用心参与之后才能真正得到它。❶

在班级银行营业的第一天，将班级职务表进行梳理，都是些常规的职务。起初，学生看到在班级担任职务的同学能领到相应的工资，便提议要增补班级职务。于是，在银行行长提议下，增设特殊岗位，由学生认真分析自己的优势特长再提议增设。在大家的积极自荐下，新的班级职务表由此产生。

由于工作岗位是在学生自己发掘自己优势的前提下，主动承担的工作，所以同学们工作干劲十足。职务表细化明确，学生自理自治，不仅班级被学生

---

❶ 裘雪莉.激发内驱力促进学生自主发展[J].教学论坛，2002（1）：18.

打理得井井有条，而且促进学生的主人翁意识，从中树立自信，体会到胜任需求。

2. 学科与德育并行，获取成长币

在班级建设中，班主任以成长币为纽带，不再单纯地从学习方面评价学生，而是采用德育和学科学习双路径，将德育贯穿在学生学习文化课的过程中，使他们产生良好的归属感，感受到集体的温暖。

在学科方面，成绩优秀的学生可以从学科考试成绩、学科竞赛中获得成长币。对于其他同学，为了激发他们的主动性，班主任也给他们创造了其他的获奖机会。

在德育方面，有一项制度关于学习习惯的培养，只要一周坚持每天填写学习任务单（见表2），便可获得相应的班级成长币。在刚刚开始制定计划时，教师会给学生一些提示。例如，每天各科作业的完成情况，晨读时书写的读书笔记，课下收集的改错题等都可以填入学习任务单中。起初，班主任可以利用晨读时间向学生展示班上优秀的学习任务单，让榜样引领前行，并及时鼓励他们坚持填写。

表2　学习任务单

时间	时长	具体任务	达成目标	完成

实践中，班上同学在获得成长币的同时，也将自己的学习计划设计得越来越好，他们会把自己一天的学习都提前安排好，有时间，有内容，有达成，每天按计划执行，让学习效率更高。看似普通简单的学习任务单，对学生日后的学习有着很重要的意义。

学生还可以通过发挥自身优势，积极参与班级活动获取成长币。利用晨读时间，班主任引导学生读书，记录读书笔记。通过举办"手账达人""思维导图达人""手抄报达人"的争霸赛，有特长的同学在比赛中荣获"达人"称号，获

得成长币。在这个过程中，他们也感受到了自己的成功被认可，进而养成了用自己喜欢的方式阅读并做笔记的习惯。学生通过自身的努力获取成长币，展现了自身优势，获得了同伴的欣赏与自信。

（三）步骤三：以成长币为媒介，提升激励作用

1. 定期总结，及时奖励

根据马斯洛的需求层次理论，人们不仅有物质需要，而且有安全需要、社会需要、尊重需要以及自我实现需要。我认为在物质奖励的时候融入浓浓的情谊，用情感来给予学生的智慧与付出，这是使物质奖励具有精神奖励作用的基本前提。通过精神奖励和物质奖励相结合，提升激励作用。[1] 用奖励来刺激学生保持良好行为，最终使良好行为形成一种好习惯。

2. 成长币兑换个性奖励

学生可以用自己的成长币兑换文创产品。奖品中还有学生非常喜欢的"免写作业卡""与班主任共进午餐券"，以及可以调动学生热情的拍卖座位。在学生眼中，奖品不再是一份奖品，它可能是意义非凡的文创，也可能是达成心愿的卡片，也愈发有价值。

（四）步骤四：自我唤醒

通过班级成长币的流通，班级逐渐发展形成了一个班级成长币激发学生内驱力的系统，学生在发现自我的过程中，不断去努力探寻自己的优势与不足，通过努力，不断成长，最终成为更好的自己。学生在每天的学习生活中，会发现最初的自己只是为了赢得成长币，而现在的自己会在积极向上的班级氛围中主动前行，这就是学生将外动力成功转化为内驱力的真实表现。

---

[1] 陈学辉. 学校代币制管理的实践模式 [J]. 教学与管理，2008（11）：8.

　　通过实践研究，学生们从最初的设计，到最后的拍卖活动，个人的能力得到了锻炼和提升，班级成长币成为班级的一道风景线，成为"双减"背景下管理班级的重要手段和措施，它提高了同学们的参与热情，促进了学生发展，提升了班集体凝聚力和战斗力。

　　萨提亚在她的冰山理论中提到：一个人的"自我"就像一座冰山，我们看到的只是表面很小的一部分——行为，而更大一部分的内在世界——行为、应对方式、感受、观点、期待、渴望、自我，藏在更深层次，不为人所见。❶ 这就好比的学生的发展，他们的前进全靠他们自己。所以，我们更应该激发学生的内驱力，让每一个学生都值得被期待。

---

❶ 钱志惠，任军 . 当代高中生发展内驱力的激发策略 [J]. 教育创新，2021（9）：14.

基于多元智能理论的班级管理策略探究

崔维达（北京景山学校远洋分校）

多元智能理论是心理学家加纳提出的关于儿童发展的重要理论。这一理论不仅拓宽了人们对智力活动的认识，也给教育者在班级管理等诸多方面提供了科学有效的策略。本文将从多元智能理论在学生个体和班级群体层面的启示，来陈述多元智能理论在班级管理建设中的价值、意义与实际应用。

一、多元智能理论基本内容

心理学教授加德纳认为，人的智能结构是多元的，既可以是某种独特的能力，也可以是众多能力的组合。人的智能结构包括言语—语言智能、逻辑—数理智能、视觉—空间关系智能、音乐—节奏智能、人际交往智能、自我反省智能、自然智能等。每个人都拥有不止一种智能，多数人拥有一般智能，少数人拥有超常智能。在加德纳看来，智能是一种功能外显形式，是多元的、发展的，每个人都拥有自己独特的智能领域和优势智能。人人都可以通过接受教育来发展自己的智能，通过不断的实践和探索提升自己的智能。❶

在实际的班级管理中，班主任可以在调查研究的基础上，充分认识不同学生的多元智能，并引领学生开发优势智能，提升弱势智能领域。为此，班主任不仅要有尊重个体发展的思想观念，努力发现每一个学生的优势智能，还要善于引导学生关注自身智能的特点，可以将其在优势活动领域中所体现的智能，迁移到弱势领域中。

---

❶ 曾国剑. 多元智能理论在班级管理中的运用探索 [J]. 领导科学论坛，2015（5）：48-49.

在本文中，笔者将结合班级管理实践，呈现多元智能理论在学生个体层面及班级群体层面的运用策略。

二、多元智能理论在学生个体层面的现实应用

结合加德纳的多元智能理论得知，学生的个体差异应该得到充分的尊重，因为每个孩子都是一个潜在的天才儿童，只是经常表现为不同的形式。教师应该从多元智能的角度出发，尊重学生的个体化差异，帮助学生寻找自身的优势智能，并用优势智能影响其他智能发展，从而为自身的多元智能发展奠定基础。

在班级管理实践中，笔者通过两个系列主题活动激活学生个体的潜在智能。在初一入学培训的时候，笔者通过情境活动"关于我的故事会"和"老师到你家做客"，从个人和家庭两个角度了解学生的情况。经过分析发现，笔者所带班级的学生存在以下问题：在自我成长过程中，缺乏自信心和行动力；生活在集体中，缺少认同感和归属感；对于社会发展，认识片面、责任缺失。基于学校育人理念"全面发展打基础，发展个性育人才"及班集体建设的目标，笔者以"多元培养"为带班理念，开展了主题活动"寻找智能的我"和"专属目标设定"，从个体层面深度挖掘每个学生个体的潜在智能。

（一）系列主题活动1：寻找智能的我

笔者以"多元智能理论"为思路，在班级创设了"寻找智能的我"成长主题活动，让学生在了解自我、建立目标、积极行动的过程中，提升自信心和行动力。本活动由两部分构成，分别是"我找我智能"和"他人为我找智能"，二者互为补充。

1."我找我智能"

"我找我智能"是为提升学生个体的自我剖析能力开展的主题活动，目的

是让学生了解自己并欣赏自己。刚入学时，我给学生们介绍了多元智能理论，并布置了活动任务：填写自己的"智能档案"。学生们对此很感兴趣，都认真填写。

2."他人为我找智能"

由于存在个别学生对自己的认知较为片面，甚至认为自己没有智能的现象，我便给学生布置了第二个任务——他人为我找智能。"他人为我找智能"是基于他者的角度对自己进行评价，以形成对自我全面认识的活动。

两轮评价活动之后，学生们对于自己的潜在智能有了充分且自信的了解。在总结分享会上，学生们表示，在"寻找智能"的活动中，他们不仅多方面地了解了自己，也极大地提升了自己的自信心。而在"自我寻找"和"他人寻找"的过程中，在"看"与"被看"的角色转换下，学生也明白：每个人都是独一无二的，每个人都有自己的闪光智能，要相信自己，也要欣赏他人。

（二）系列主题活动2：专属目标设定

多元智能理论并不主张把所有人都培养成全才，而是应该根据学生不同的情况来确定自己独特的发展之路。因此，笔者以"提升学生目标管理能力"为目的，在班级开展"专属目标设定"系列活动，使学生通过评估、行动、总结来挖掘自己的独特优势智能，同时适当提升自己的薄弱智能领域。

1."时光胶囊"：写下成长目标

目标是人们在行动前所预期要达到的某种结果。它就像是一种召唤、一种吸引，可以帮助学生集中精力、汇聚能量，促使学生的潜能得到最大发挥，从而使其成为更好的自己。但目标的设定，既要符合内心需求，也要符合自身情况，否则就会变得无效。

因此，笔者在班级开展了创意活动：依据个人智能，制定成长目标，然后把它装进"时光胶囊"中，待到明年此时，再重启"胶囊"，全班共同见证，看看谁的目标已经实现。

2. 青春手账：记录成长变化

任何一个目标的实现，都离不开日常的努力。所以，我让学生将个人目标逐层分解——每月目标、每周目标、每日目标。当目标由远及近，变得清晰、具体、可视化，学生才会积极地面对每一天。

为了让学生记录每一天的成长变化，笔者给每个学生都买了一个手账本。之所以选择手账本，是因为它具有功能性、美观性、收纳性等特点，可以满足不同需求。有的学生聚焦目标，会用表格的形式记录每天的行动情况和完成效果；有的学生在意感受，会把每天的心情和体验写在手账里；还有的学生极具创意，会用漫画的形式记录一天的成长……学生们根据自己的智能和需求，设计了最适合自己的手账。

3. 微行动：坚持做一件事

如果学生想要实现目标、获取成功，仅仅依靠信心、兴趣、计划是不够的，还需要有积极的行动，而这也恰恰是最难的一部分。为了让学生能在执行的过程中，不畏难、不懈怠，保持积极的态度，我提供给学生一个建议：要降低行动的难度，每天坚持做一件力所能及的事。因为简单能做到，行动起来就不会心生畏惧，便能够很好地坚持下去。

每周五，学生都会汇报完成情况。除个别情况外，大部分学生都可以完成每日微行动。有些同学甚至意犹未尽，会超额完成。微行动既调动了学生的积极性，让他们充分发挥智能，也让学生在实现目标的过程中收获了成就感。除此之外，微行动的丰富度也能引导班级学生进行多元化发展。

"微行动"开展后，学生的成果以文字、图片、视频等形式在班级公众号上进行了展示。

三、多元智能理论在班级群体管理层面的应用

结合自己的理论阅读和实践探索发现，多元智能理论可以在集体层面得到进一步的拓展。著名学者马卡连柯曾说过："集体的形成必须有活动作为载体，有活动的集体才是集体，活动成就了集体。"活动是团结同学、发展班级凝聚力的有效载体，那么活动的频率和质量将决定班级凝聚力的高低。

笔者运用多元化的理念，在带班育人的过程中，通过创建活动来增强班级的凝聚力，并为学生创造发挥智能的机会，从而达到运用集体力量教育学生的目的。

（一）建立功能型空间，弱化学生陌生感

对于刚刚步入初中的学生而言，眼前的生活既新奇又陌生。在好奇心的驱使下，学生会把更多的精力放在尝试体验新事物上；但与此同时，相对陌生的环境又会给学生带来孤独感，他们需要通过沟通交流来表情达意，融入集体。基于此，开学初，我在班级里成立了"青春文化场"，通过"爱棋艺"和"悦分享"两个功能型区域，让学生展示自己，也让集体实现破冰。

"爱棋艺"是下棋区。棋类活动是一项智力运动，可以提升学生的逻辑思维能力，也可以促使学生养成静心专注的好习惯。此外，棋类活动也体现着生活的哲理，可以让学生在思考中产生情感互动。"悦分享"是图书角。学生可以利用课下时间来看书、分享心得。这既能增强班级读书氛围，发挥课外阅读的作用，也能促进班级学生的沟通交流。

两个区域的成立，既给学生创造了激发潜能的舞台，也给学生提供了了解彼此的平台。

（二）进行多元化组队，促进人际关系

为了在学校生活中提升班级凝聚力，学生们在笔者的倡导下，自发组织了

不同的小组。学生们可以在不同的小组中，进行对话、交流和沟通，分享情感、体验与观念，通过统一目标、共同活动形成相互影响、相互促进的人际联系。他们秉承"因相同而相聚，因差异而成长"的理念，依据自身智能的特点，成立了学习小组、体育小组、板报小组、手工小组等，并且设计了充满创意的小组名字——五子棋小组的"爱棋艺、悦交流"、篮球小组的"青春就要'篮'不住"、减肥小组的"当'燃'是少年。"

多样小组为班级创建了多维空间，学生们的智能得到了充分的展现；高频交流为学生搭建了亲密舞台，学生们的认同感和归属感越来越强，班级的凝聚力也因此初步建成。

（三）创设多元化表彰，鼓励学生进步

与传统的评价方式不同，多元智能理论主张多元评价，以此来关注学生潜能的发展水平。此外，著名学者查尔斯·杜希格也提出过这样一个理论：奖赏的影响力很大，它可以满足人的渴求。只有拥有了收获感和愉悦感，学生才会自觉主动地重复某种习惯行为。所以，我在班级里创设了多元化的表彰，来激发学生的动力，促进学生的成长。

内容方面，设立了三个维度：①以结果为评价标准的"青春闪亮奖"。在某一方面取得卓越成绩的学生可提名此奖项；②以肯定过程为导向的"乘风破浪奖"。在实现目标的过程中，不断挑战自我、取得进步的学生可提名此奖项；③以关怀鼓励为目的"无限潜能奖"。根据学生的成长需要，对其某一方面所作出的努力，给予肯定奖励。

形式方面，笔者创设了线上、线下不同的表彰形式。线下有"花样之星"颁奖典礼，通过仪式教育激发学生的积极性与潜能。签名海报、精美证书、重量嘉宾、精彩颁奖、全程摄影记录……学生在参与活动、享受活动中，唤醒了心中内在的力量。线上，班级成立公众号"青春有花 Young"，对学生进行宣传表彰，让他们能得到更多关注和赞赏。

多元化的内容和形式不仅让评价体系能更客观、更完整，也能让不同的学生都有机会通过努力受到表彰，收获自信。

四、总结

多元智能理论的运用，让班级形成了凝聚力，也让学生拥有了表现力。年级篮球赛中，从宣传策划到制定计划，再到协同训练，学生们带着满满的信心，历经角逐，将冠军收入囊中；校园科技节，在商讨方案、招募成员、分工协作的独立探索中，学生们的创意作品获得评委一致好评，荣获创新大奖……学生们在各种比赛中崭露头角，班级也被评选为"北京市优秀班集体"。未来，笔者将继续探索，为学生创造更科学化和人性化的成长环境，让身在其中的学生们能寻找适合自己潜能发展的领域，从而成为更好的自己。

控制－价值理论视角下初中生学业情绪的心理干预研究

曹　娟（北京市古城中学）

情绪为人对客观事物的态度体验及行为反应，是以个体的愿望和需要为中介的一种心理活动。作为学生，主要任务是学习，他们在学习过程中体验到的各种情绪的总和就叫作学业情绪。学业情绪的控制－价值理论涵盖环境变量、控制和价值的相关认知评估与学业情绪。该理论认为个体对所处的环境能够掌控的力度以及对该情境价值的认知评估，可以间接影响学业情绪❶。根据学业情绪的控制－价值理论，个体对于控制感和价值的评估是影响学业情绪的主要前因变量，因此，本研究探索编制初中生学业价值感评估工具，在前期调研的基础上，整体设计贴近初中生实际的，基于控制－价值理论三大模块的系列化心理活动课，提高心理健康教育活动课对初中生积极学业情绪培养的实效性，使学生有更多的积极学业情绪体验，减少消极学业情绪体验，为以后教育实践提供借鉴。

一、研究内容

（一）控制－价值理论基础上初中生学业情绪现状调查研究

控制－价值理论认为影响学业情绪的重要因素有两个：一是对学业活动和学业结果主观控制感的评估，如对自己能否掌握学习内容的评估；二是对学业

---

❶ 刘阳，孟国庆.学业情绪的控制－价值理论 [J].黑龙江教育学院学报，2008（12）：72-73.

活动和学业结果的价值评估，如对学习任务重要性和有用性的评估。有研究者在对控制 – 价值理论的研究中对于控制感的界定等同于控制源和自我效能感，故而对控制感的测查主要从归因（控制源）和个体能力（自我效能）的角度入手，使用控制源或自我效能感量表作为测量控制感的替代工具。因此选择由梁宇颂以艾姆斯（Ames）等的成就目标理论中对不同成就目标的分析为依据编制的《成就目标量表》，及由梁宇颂编制的《归因方式量表》来测查初中生学业控制感；及通过董妍、俞国良 2007 年编制的《青少年学业情绪问卷》进行前测，了解初中生的学业情绪影响因素现状与存在的问题。同时，使用本研究编制的《学业价值感问卷》测查学生的学业价值感，厘清基本情况，为实践研究提供真实的现状分析。

（二）初中生学业情绪的心理干预研究

在调查研究基础上建立初中生学业情绪心理干预校本课程，根据测查结果选择实验班进行心理干预。

（三）初中生学业情绪心理干预活动效果研究

在干预结束后对实验班学生进行后测，对学生心理干预效果进行对比研究。

二、研究结果

（一）初中生学业情绪现状调查研究

1. 初中生学业情绪的整体情况

采取集体施测的方式，以班级为单位，发放问卷 600 份，回收问卷 599 份，有效问卷共计 570 份，有效率达 95.16%，其中男性 291 人，女性 279 人。从调研数据可以看出，初中生消极高唤醒学业情绪的分数与积极高唤醒学业情绪的分数相比，要低很多；而消极低唤醒学业情绪的得分与积极低唤醒学业情绪的分数相比，要高很多。

表1 570名学生积极学业情绪与消极学业情绪 T 检验表

项目	成对差分		T	df	.sig
	M	SD			
积极高唤醒学业情绪－消极高唤醒学业情绪	15.20	9.09	39.948	570	0.000
积极低唤醒学业情绪－消极低唤醒学业情绪	−6.10	12.92	−11.282	570	0.000
积极学业情绪－消极学业情绪	1.44	45.53	0.756	570	0.450

2. 初中生学业价值感与学生学业情绪的关系

通过 T 检验和方差分析，学生的学业价值感在性别及年级上并不存在显著差异。学生的兴趣价值、获得价值及效用价值与积极学业情绪普遍都是正相关（$p<0.01$），与消极学业情绪普遍负相关（$p<0.01$）。

3. 初中生学业自我效能感、归因方式等情况及与学业情绪的关系

学业自我效能感总分及学习能力自我效能感、学习行为自我效能感与积极学业情绪普遍都是正相关（$p<0.01$），与消极学业情绪普遍负相关（$p<0.01$）。

在学习能力自我效能感和学习行为自我效能感进入回归模型中，回归的常数项 $C=44.92$，学习能力自我效能感和学习行为自我效能感与积极学业情绪的 R 值（相关系数）为 0.755，R^2（决定系数）为 0.571，因此，二者可以有效解释积极学业情绪 57.1% 的变异量。学习能力自我效能所对应的 $\beta_1 = 0.636$（$p<0.001$）；学习行为自我效能所对应的 $\beta_2 = 0.166$（$p<0.001$），二者都能显著正向预测积极学业情绪。

在学习能力自我效能感和学习行为自我效能感进入回归模型中，回归的常数项 $C=204.521$，学习能力自我效能感和学习行为自我效能感与消极学业情绪的 R 值（相关系数）为 0.589，R^2（决定系数）为 0.347，因此，二者可以有

效解释消极学业情绪 34.7% 的变异量。学习能力自我效能所对应的 $\beta_1 = -0.397$（$p<0.001$）；学习行为自我效能所对应的 $\beta_2 = -0.247$（$p<0.001$），二者都能显著负向预测消极学业情绪。

通过多元线性回归分析，也证实了我们的研究假设：学业控制感、归因方式、自我效能感及学业价值感是影响初中生学业情绪的重要因素。

（二）初中生学业情绪心理校本课程构建

1. 课程目标

根据学业情绪的控制－价值理论及前期的调研结论，我们认为要想实现培养积极学业情绪的目标要从三方面着手：提高学业控制感；提高学业价值感；培养积极情绪。

2. 课程结构和内容

我们认为，学业控制感要承担学会合理归因，提高自我效能感的作用，是积极学业情绪的"动力系统"。学业价值要帮助学生理解学业活动的价值与意义，进行认知调整，点燃成长动力，激发学习动机，确立有意义的目标，是积极学业情绪树立的"实际车况"。积极情绪负责在学生遇到苦难挫折，感到沮丧自我怀疑时，让学生拥有良好的心理弹性、积极地接纳和欣赏自我，是积极学业情绪的"刹车系统"。三者相辅相成缺一不可，共同组成了以培养积极学业情绪为核心的"汽车动力系统"课程内容模型。

课程分为三个单元，分别为学业控制、学业价值与情绪调节，每单元 4~6 节课，共计 17 节课（20 课时）。

课程的内容以学业情绪的控制－价值理论为基础，培养学生以积极学业情绪为核心目标，在前期扎实调研的基础上，建立学业情绪的"汽车动力系统"课程内容模型。通过一学年二学期的实践检验和量化分析，学业情绪心理课程实现了让学生有方向、有方法、有信心地自主、持续、快乐的成长效果。

（三）初中生学业情绪心理干预效果

为验证基于控制－价值理论的初中生学业情绪心理干预效果。我们使用问卷对研究对象进行"后测"。我们对问卷总分的前测和后测结果进行平均值差异显著性检验，两个样本值是一一配对的，每个配对是一名学生前后两种状态的两种结果，且两个样本的容量相同。

研究发现，干预前后初中生的学业情绪、学业自我效能感、归因方式和学业价值感各个维度及总分分别存在显著或极其显著差异。

综上所述，通过调查发现归因方式、自我效能感等学业控制感及学业价值感是影响初中生学业情绪的重要因素。研究结果也证实了学业情绪的控制－价值理论，学业自我效能感是个体自我认知和评价的决定因素，也是个体学业情绪的重要来源，个体的学业自我效能感是学业情绪的重要预测变量。在初中阶段，我们可以以控制－价值理论为基础，结合初中生年龄特点和需求，建构初中生学业情绪心理活动课目标、内容体系，并建立学业价值、学业控制、情绪调节三大单元模块心理健康教育课程。系统实施基于控制－价值理论的初中生学业情绪心理干预之后，学生的积极学业情绪显著提高，学生的学业控制感和学业价值感也显著提升。

体验式心理活动课提升初中生心理资本的研究

王　燕　张　鹏（北京市石景山区第二实验学校）

2021 年 7 月"双减"政策的落地，是国家保障中小学生心理健康发展的必要手段。初中生所处的青少年阶段是人生发展的关键期，他们的积极心理力量——心理资本，会影响其学习成绩、人格品质及心理健康。本研究基于初中生心理资本的视角，探索体验式心理教学活动的途径与实施，促进初中生心理资本的发展和提升。

一、初中生心理资本的概念

初中生心理资本是指初中生个体发展的积极心理状态，以自我效能、乐观、希望和韧性这些积极的心理资源为特征。具体表现为：①自我效能：在面对逐渐加大的学业压力时，相信自己有能力并能付出必要的努力来获得成功；②乐观：对现在与未来的成功采用积极的归因风格；③希望：生活和学习有明确的目标，能根据实际情况在必要时调整实现目标的途径；④韧性：当处于逆境或被问题困扰时，能够坚持到底，迅速回弹并超越。[1]

二、基于初中生心理资本的体验式心理活动课的开发

（一）体验式心理活动课的概念

体验式心理活动课是通过创造实际的或模拟的情境，主要采用心理相关教

---

[1] LUTHAS F, YOUSSEF C M. Emerging positive organizational behavior [J]. Journal of Management, 2007, 33（3）: 321-349.

具或心理咨询中的技术，如生涯彩虹图、平衡轮、空椅子、冰山、互动要素、雕塑等，使学生在亲历的过程中理解并建构知识、产生情感、更新认知、自我完善，从而提升学生的心理资本水平。

（二）体验式心理活动课的开发阶段

1. 课程准备阶段

（1）明确教学目标。设定教学目标有三方面的依据，一是了解相关政策文件，如国家《中小学心理健康教育指导纲要（2012 年修订）》《关于进一步减轻义务教育阶段学生作业负担和校外培训负担的意见（2021）》、教育部办公厅《关于加强学生心理健康管理工作的通知》（2021 年）、北京市教育委员会《关于加强中小学学生心理健康管理工作的通知（2021）》等。二是熟悉心理学相关理论。不同维度主题的设定要基于学生的心理发展特点进行设定，使其能符合学生的需求。三是关注学生的已有经验。教师需要将学生已有经验和新的体验相联系，让学生在已有经验的基础上进行新的学习，并形成新的经验。

（2）确定体验式心理活动。体验式心理活动的选择要基于教学目标、教学内容、教学方法而定。需要考虑活动的形式、时间、活动的体验程度、体验活动涉及的心理技术等。

2. 课程设计阶段

基于学生已有经验，遵循学生发展特点及学情，根据心理资本的维度，将提升初中生心理资本的体验式心理课，设计为"情境引入""参与体验""内化启迪""知行合一"四个环节。

"情境引入"环节主要是教师根据学生的学情，结合教学主题及教学目标，通过创设不同的情境，既引发学生的关注和兴趣，又可以保持积极的情感态度来体验教学内容。

"参与体验"环节主要是学生实践感受的过程。教师基于教学内容，利用不同形式的心理学理论、心理咨询技能等方式，带领学生参与探索，觉察和发现新的未知。

"内化启迪"环节是教师引导学生在基于体验的基础上，自我内化反思的过程，是学生知识、认知和情感重建的过程，通常是每节课的重难点的突破口。

"知行合一"环节是每节课的总结提升部分，也是学生将所学到的知识技能和已有体验与实际问题的联结，此环节可以使学生继续巩固初步建构的经验方法，提升其心理资本。

3. 教学评价阶段

本阶段主要是对学生学习情况进行评价，通过教师评价、学生自评的形式进行。教师评价以观察、访谈的方法开展，观察学生的课堂状态及反馈，访谈学生的实际需求和获得；学生自评以课后调查的方法进行，通过填写教师根据每节课的教学目标、教学内容和教学形式等维度编制的课后调查问卷，反馈课堂学习情况。

4. 教学反思阶段

教学反思是教师在结束教育教学活动之后，对整个教育教学活动过程进行的一种反思性回顾。在体验式心理课堂教学中，教师不仅要反思体验式教学环节、学生体验过程、教学目标达成情况，更需要反思学生的情感态度与价值观目标的完成情况。

（三）体验式心理活动课的开发资源

基于初中生心理资本的维度，如自我效能、乐观、希望、韧性，参考国家2012 年、北京市 2014 年分别颁布的《中小学心理健康教育纲要》，对心理健康课的主题进行细化，每一个维度都设计了 4 节体验式心理活动课，最终形成《提升初中生心理资本的体验式心理活动课》课例集，见表1。

表1 《提升初中生心理资本的体验式心理活动课》课例集

心理资本维度	体验式心理活动课
自我效能	1. 我的样子
	2. 我的能量
	3. 我的承"重"力
	4. 加油，我可以先试试
乐观	1. 感受身边的幸福
	2. 不同角度看归因
	3. 问题真的是问题?
	4. 我为正能量代言
希望	1. 我的生涯规划
	2. 职业初探索
	3. 我的现在与未来
	4. 选定属于我的目标
韧性	1. 你好，情绪
	2. 解锁我的考试焦虑
	3. 压力，其实刚刚好
	4. 坚持的力量

三、基于初中生心理资本的体验式心理活动课的实施效果

（一）初中生心理资本发展情况的比较

本研究采用张阔等人编制的《积极心理资本问卷》作为测量工具。[1] 问卷共有26个题目，分为四个维度，分别为：自我效能、韧性、希望和乐观。

基于对学校《初中生心理资本问卷》的调查结果，对前测筛出的34位心理资本水平较低的学生组成新的团体，固定每周开展一次心理活动课，共开设16

---

[1] 张阔，张赛，董颖红. 积极心理资本:测量及其与心理健康的关系 [J]. 心理与行为研究，2010，8（1）: 58-64.

节课，即《提升初中生心理资本的体验式心理活动课》，一个学期后再次进行同样问卷的后测。结果如表 2 所示，自我效能、韧性、希望、三个维度的学生后测分值均显著高于前测分值（$p<0.01$），整体来看，学生心理资本后测分值显著高于前测分值（$p<0.01$），说明对心理资本较弱的学生来说，开展系列体验式心理资本提升课程，会显著提高学生的心理资本水平。

表 2　学生心理资本发展情况的 T 检验分析

维度	前后测情况（平均值 ± 标准差）		t	p
	前测数据（N=34）	后测数据（N=34）		
自我效能	34.44 ± 5.41	46.06 ± 1.82	−11.873	0.000**
韧性	36.35 ± 6.95	44.68 ± 2.93	−6.435	0.000**
希望	32.56 ± 5.90	37.65 ± 4.45	−4.015	0.000**
乐观	33.79 ± 6.34	36.35 ± 5.39	−1.971	0.078
心理资本	5.27 ± 0.83	6.24 ± 0.51	−6.347	0.001**

注：** 表示 $p<0.01$

（二）学生课后的反馈

每节课后均需学生填写课堂教学效果评估表，评估表的维度包括教学目标达成情况、教学内容的喜欢程度、体验式教学活动采取的形式、学生的课堂参与程度及课堂内容的运用。

对 16 节课的学生反馈情况进行维度汇总，发现 97.67% 的学生对教学目标达成的情况是满意的，93.02% 的学生对教学内容是喜欢的，95.35% 的学生喜欢体验式教学采取的形式，95.35% 的学生认为自己的课堂参与程度高，88.37% 的学生认为自己可以把本节课的知识内容运用到生活学习中，如图 1 所示。可见，体验式心理活动课在课堂的实施效果是比较好的。

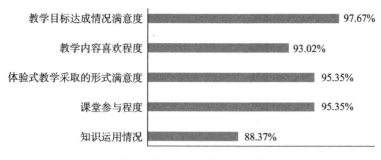

图1 学生课后反馈情况汇总

四、反思与展望

在不断的探索和实践中发现，心理课堂使用体验式的教学方式调动了学生的参与积极性及实际获得感，会在不同程度上触及学生的内在认知，促进初中生心理资本水平的提升。此外，在心理课堂中，选择什么方式的体验活动，针对不同年级、性别的学生群体会有所不同，学生的触动点也有所差异，需要授课教师对心理活动的应用方式不断地探索和思考。

对于学生心理资本的提升，心理活动课的关注和落实只是一个"点"的探索，在研究过程中发现，学校环境、家庭环境、同伴关系都会影响到学生心理资本的水平，因此，在未来的继续研究中，可以尝试从其他维度进行探索，以期为学生的健康发展提供更好的环境。

第六篇

协同视野下依托课题
促进教师专业发展的研究

现象式学习视域下提升中小学骨干教师"双减"政策实施能力的研究

陈绪峰（北京教育学院石景山分院）

一、研究背景

"双减"政策要求学校进一步提升教育教学质量和服务水平，作业布置更加科学合理，学校课后服务基本满足学生需要，学生学习更好回归校园，校外培训机构培训行为全面规范。

骨干教师作为教师中的关键少数，辐射带动作用的发挥情况，直接影响到学校乃至整个区域的教育教学质量。将"双减"任务转化为区内骨干教师研修主题、教育科研课题、课例研究主题等，用骨干教师引领和带动广大中小学教师的"双减"政策实施能力，无疑是教师研究机构当下最紧迫和最重要的任务。

二、现象式学习视野下提升中小学骨干教师"双减"政策实施能力的价值与特质

现象式学习是以真实世界现象为学习起点，从学习者前理解出发，在具身探究和社会参与中修正对现象的认识，进而创造多重表征意义的新型学习方

式。❶现象式学习强调整体性的学习方法，倡导"所有的参与者——学生、导师、某一学科领域的专家和来自不同领域的访客都是学习者和专家"❷，"在探索期间，不同学科和领域都涌入同一幅画面，不同领域的专家可以坐在一起相互探讨"❸。在此理论指导下，课题组将全区中小学不同学科、不同学段的骨干教师组织在一起，以提升"双减"政策实施能力为学习起点，基于学习体验丰富骨干教师对"双减"政策的理解能力，通过探究活动强化骨干教师对"双减"政策的执行能力。

首先，有助于帮助中小学骨干教师深刻理解"双减"政策。现象式学习强调真实的学习，学习内容具有真实性和情境性，以真实世界现象为学习起点。如何实施"双减"政策，是当前中小学教师面临的真实性问题，是一线教师持续探索和解决的学习主题。课题组以如何帮助中小学骨干教师准确理解、正确执行"双减"政策为学习起点，有助于中小学骨干教师深度理解"双减"政策，为实践层面实施好"双减"政策奠定理性基础。

其次，有助于中小学骨干教师在体验中理解并探索"双减"政策实施。现象式学习强调有意义的环境，强调动态学习的过程。课题组以参与式学习、交互式学习为主要学习方式，以课题研究为载体，有助于中小学骨干教师在深度体验和参与中深化对"双减"政策的认识并能建构有益经验，为实践层面"双减"政策实施奠定实践基础。

最后，有助于中小学骨干教师实施"双减"政策共同体的建立。现象式学习强调学生的积极作用，主人翁意识和能动性才是现象式学习的核心体验。课题组组建跨学校、跨学段和跨学科的学习共同体，有助于传播骨干教师"双减"政策实施经验，发挥骨干教师引领示范作用。

---

❶ 赵晓伟，沈书生. 为未来而学：芬兰现象式学习的内涵与实施 [J]. 电化教育研究，2021（8）：108.
❷ 罗卡. 现象式学习 [M]. 葛昀，译. 北京：中信出版集团，2021.
❸ 罗卡. 现象式学习 [M]. 葛昀，译. 北京：中信出版集团，2021.

三、现象式学习视野下提升中小学骨干教师"双减"政策实施能力的路径

（一）依托专题培训提升中小学骨干教师"双减"政策的理解能力

"双减"政策的理解能力是指中小学教师对"双减"政策的认知水平和认同程度。现象式学习的关键在于对其基本理念的深刻理解，课题组依照学习的三个维度，即内容、动机和互动维度，聚焦"双减"政策目标要求，精心组织学习活动，在政策学习理解能力上下功夫。课题组组织了两期骨干教师"双减"专题研修班，聚焦"双减"政策系列学习主题，从不同层级、不同视角和不同对象多角度选择中小学骨干教师"双减"政策学习内容，搭建政策与实践层面双向互动的行动逻辑，以项目式研修的培训方式开展专题培训，以期提升中小学骨干教师"双减"政策的理解能力。

1. 通过专题学习提升中小学骨干教师对"双减"政策的认知水平

现象式学习强调学习主题的设计，课题组多维度多主题多种方式精心设计中小学骨干教师"双减"政策学习内容：从国家政策文本学习、政策解读、专家视角和一线教师视角多维度设计培训内容，从作业设计、课堂提质增效、课后服务多主题设计培训内容，从集中学习、小组学习和自主学习多种学习方式设计培训活动。通过专题学习，中小学骨干教师能够从广度和深度上深刻理解"双减"政策，明确"双减"政策实施的目标与要求，为"双减"政策在学校教育教学有效实施奠定知识储备。

在专题学习中组织中小学骨干教师开展读书分享活动，中小学骨干教师能够综合不同视角不同层级的专家观点与同行观点，不断丰富调整完善自身对"双减"政策的意义建构；骨干教师在吸收、调整与修正自身对"双减"政策认知的同时，也会形成自身对"双减"政策的认知，也能启发他人对"双减"政策的认知，形成共同体智慧。

2. 依托项目式研修强化中小学骨干教师对"双减"政策的认同程度

现象式学习的本质是项目式学习，课题组以项目式研修的方式开展中小学骨干教师"双减"培训，经历项目设计、项目研发和项目产出三个阶段。

骨干教师"双减"项目式研修以成果、产品为导向，以学员为研修主体，大部分课程是学员的活动，这些满足了学员的需求，激发了学员的主动性、创造性，促使学员带着研究、形成自我研究成果的热情甚至激情进行研修活动，成果、产品的不断形成与完成也提高了学员的成就感。在实践案例形成与成果提炼阶段，我们为教师提供多次过程性指导及小步骤、循序渐进式指导，切实解决了教师研究中存在的问题。研修学习可转化为一种生产活动，成果可转化为公开的产品。"双减"班形成了微课、"双减"专刊、出版专著等项目成果，将个人研修成果转化为公开的产品，也由此构建形成区域培训研修资源的新供给主体。

（二）依托课题研究提升中小学骨干教师"双减"政策的执行能力

"双减"政策执行能力是指中小学教师在教育教学层面对"双减"政策实施过程中发现问题的能力、解决问题的能力和反思能力。课题组依照现象式学习过程，参照课题研究过程的维度，采用参与式学习和交互式学习方式提升中小学骨干教师"双减"政策的执行能力。

1. 借助选题指导提升骨干教师发现问题的能力

发现问题是现象式学习的关键，也是教育科研选题的重要起点。选题是开展教育科学研究的重要起点，也是决定课题研究成败的关键一步。在选题指导中，引导骨干教师结合"双减"政策和"双减"政策实施的问题进行选题。帮助教师深刻理解"双减"政策的目标定位，能够选择具有创新性和应用性特征的科研选题。课题组开展分层分类分项的"1+2+3"选题指导模式，分层指向申报课题的教师，按照老师的研究经历进行分层；分类指向课题申报的类别，有一般课题、重点课题、校本专项课题等，分项指向课题申报的关键环节。

"1+2+3"分别为："1"：1次调研，精准了解学情；"2"：申报的两个关键环节，开展两次专题培训和两次个别指导；"3"：市（外聘专家）—区（科研中心教师）—校（教师）三方协作，助力课题申报。

在实践中，骨干教师采取参与式学习方式，积极参与选题活动，亲身经历了如何透过"双减"政策现象寻找教育教学实际问题，通过选题专题培训和个性化指导，有意识将"双减"政策实施中发现的问题转化为选题，并成功立项市区规划课题。分析近两年区域立项的市区规划办课题发现，有180项课题均在题目或研究内容上体现落实"双减"要求，而骨干教师是课题负责人的占比达到70%左右。

2. 依托带题授课提升骨干教师解决问题的能力

现象式学习是为了培养学生解决问题的能力。同理，将现象式学习应用于教师培训也是为了培养骨干教师解决问题的能力。课题组关注课题研究的关键环节，在研究中期以"带题授课"的形式提升骨干教师解决问题的能力。带题授课是指教师带着明确的研究课题来进行课堂授课，通过开展系列课堂教学，以达成应用课题研究成果，实现研究目标，解决研究问题的教育科研形式。课题组从自我研究和指导他人研究两方面开展带题授课活动。

（1）骨干教师作为课题负责人开展带题授课活动。在活动中，骨干教师采取体验式学习方式，亲自参与带题授课的设计与实施，制定"双减"政策在课题教育教学的行动计划，并在课堂上进行实施与改进，探索性进行经验总结，形成个性化"双减"政策实施的意义建构。

（2）骨干教师作为课题指导教师团队成员指导他人开展带题授课活动。课题组吸纳骨干教师进入指导教师团队，帮助课题负责人根据指导教师的具体学科、研究专长选择适宜的指导教师，引导课题负责人解决研究困惑，进行后续研究，并在教育教学中开展持续性研究。在活动中，骨干教师采用交互式学习方式，与课题组成员互助合作尝试探索"双减"政策实施策略与经验。

3.借助成果培育提升骨干教师反思能力

现象式学习强调获得创造性思维并形成知识建构。课题组认为,在实践层面引导骨干教师进行成果总结、提炼与表达,是骨干教师创造性思维的重要表现形式和提高骨干教师反思能力的重要手段。在骨干教师"双减"政策实施能力培养的过程中,课题组十分重视骨干教师的成果培育,通过搭建成果评选平台和开展主题性研讨会两种形式,帮助骨干教师进行研究反思和知识建构。

(1)搭建成果评选平台,促"双减"政策实施经验落实。课题组面向全区中小学教师征集"双减"政策实施经验,开展石景山区第十二届课改论文征集评选活动,其中一等奖44篇,二等奖63篇,三等奖81篇。

(2)开展主题性研讨会。通过分析教师获奖论文,如《浅谈"双减"视角下优化小学数学实践作业的策略研究》《对焦"双减"目标 做好课后服务工作的实践与思考》《"双减"格局下,馆校结合为科学学习提质增效的实践研究》,可以发现,教师非常重视在实践层面探索"双减"政策目标和要求,并在实践中开展课例或行动研究,取得很好的效果,并能及时总结,促经验落实。

现象式学习作为未来人才培养的解决方案,也可以拓展到教师人才的培养。课题组将现象式学习理念探索性融入骨干教师"双减"政策实施能力培养方案,以课题研究推动骨干教师"双减"政策实施的真实性、情境性、体验性和生成性,对于提高骨干教师的政策实施能力,具有一定的参考价值。

中小学构建学习型教研组的个案研究

李　琳（北京教育学院石景山分院）

随着学习型学校的建设，"学习型教研组"在我国中小学教育实践领域的探索也已有将近二十年的进程。在实践中我国中小学校是在何种背景下开始尝试构建学习型教研组？在构建学习型教研组的过程中，学校都采用了哪些策略？遇到了哪些问题？鉴于此，本文考察个案学校构建学习型教研组的背景、动机、措施、面临的困境及其解决策略，从而为学习型教研组和教师的专业发展提供一些有益的建议。

一、J小学构建学习型教研组的动机

促进学生发展、教师成长和推进教育科研是J小学着力构建学习型教研组的主要动机。

（一）扎根教学实际，以教师学习带动"学生发展"是根本目的

教研组作为一个专业的教学研究组织，紧抓教育教学是关键。J小学语文教研组一直以促进学生发展为根本目标，秉承着"扎根教学实际，解决教学中真问题"的精神开展教研组活动，学习型教研组建设的根本目标在于促进学生的发展。

（二）引导教师学习和反思，促进教师专业发展是主要目的

J小学构建学习型教研组的主要目的就是为教师们搭建一个合作的平台，

使教师能够更好地实现教师专业发展，促使教研活动不再仅仅局限于对课堂教学实践的研究，能够关注教师的学习，教师职业生涯的价值。正如教研组长 W 老师所说："一定要对老师们有帮助，通过组织支持教师有所收获，这样老师们才愿意跟着你干，才有热情。"

（三）增强教研组凝聚力，组织教师一起承担科研工作是直接目的

当前中小学教师开展教育科学研究已经成为一种共识，但现实中，中小学教师由于繁忙日常工作的制约，开展教育研究的时间非常有限，这大大降低了教师从事科研的热情。访谈中教研组长 W 老师也表达了教师们开展科研的困境："对于我们小学老师来讲，日常工作特别琐碎，做科研有的时候真的是有心无力。"但面对困境，教研组并未妥协，而是通过团结来解决现实问题，她们意识到个人精力和时间有限，但通过凝聚组内成员，大家可以一起做科研。

二、J 小学构建学习型教研组的策略

2020 年 9 月，J 小学正式开始着手学习型教研组的构建，在构建学习型教研组的策略上，选择通过融于学校日常的教育教学活动开展。此策略的选择，主要是为了避免"空于"口号的不良影响，就如教研组长 W 老师所言："没必要特别标榜学习型教研组，不用总是把口号挂在嘴上，让老师们了解其中真正的内容才更实际。"

（一）以强有力的领导者为引领：J 小学语文教研组长 W 老师

领导者是建立学习型组织能否成功的重要因素。对于 J 小学语文教研组而言，如果其高阶主管是校长，那么语文教研组长无疑是其领导。彼得·圣吉（Peter Senge）也曾指出在学习型组织中领导者需要扮演三种角色：设计师、

仆人和教师。他们负责建立一个组织，让他人能够不断增进了解复杂度，厘清愿景和改变心智模型的能力，也就是说领导者需要对组织的学习负责。● 而 W 老师无疑担任起了这个重任，在构建学习型教研组过程中，她一方面承担教研组愿景的发展、教研组制度的完善、策略时机的选择等推动工作；另一方面鼓励支持组内成员的学习。其领导力表现在以下三个方面：

1. 直截了当、"不兜圈子"的处事风格

当笔者问及 W 老师的领导风格时，直截了当是教研组教师们对其的普遍印象，这是 W 老师的一个优点，容易沟通交流。教师 Y 说："我们组长说话做事都特别直接，有问题也会直接说出来，绝对不会兜圈子。"直截了当是很多老师喜欢 W 老师的原因。

2. 善于倾听，决策果断，会"出招"

W 老师非常重视和组内成员的互动，倾听大家的声音，鼓励大家发表自己的意见，在做决定时却非常果断。这两种看似矛盾的特点，W 老师做出了自己的解释："多听听别人的想法是必要的，但是我作为组长，很多工作是需要最后拿主意的，所以一定要尽快做决定，这样工作才可能尽快落实。"亲自示范，以身作则也是 W 老师的一大风格，要求别人的事情，自己先做好这是 W 对自己的要求。

3. 尊重、关怀他人，开放，乐于分享的人格特质

尊重、关怀他人也是教研组的老师们喜欢 W 老师的原因。老师们反映，W 老师是特别乐于分享的人，有好的东西如教学技能上的新点子，外出学习收集起来的一些视频，课件等都愿意拿出来与大家分享。

● 彼得圣吉 . 第五项修炼——学习型组织的艺术和实务 [M]. 杨进隆，译 . 上海：上海三联书店，1997.

（二）基于"学有所得""个性培养"原则，重构教研活动

自教研组成立以来就开展备课、听评课、磨课、教学常规检查、教学质量检测分析和教育科学研究等常规性的活动，而 J 小学语文教研组创新了教研组常规活动。

1. 基于"先破后立"原则进行评课

传统的教研组评课中最常出现的问题是"只挑毛病，不给建议"，其弊端在于一方面会降低授课教师的积极性，另一方面评课实际价值没有得到发挥。为此语文教研组规定上评课时要做出恰当的评价，既要肯定执教老师的优点，又要敢于指出存在的问题，且尽量给出相应的建议。如果没有建议，可以事先提出问题，大家一起探讨，提高评课的效率。如此，评课实行"先破后立"原则，提高了评课的效率。

2. 推动集体支持个人校外赛课制度

参加市级、区级说课，教学设计，教学基本功比赛等也是教研组的重要活动内容。通常教研组教师上课是一人作战，单枪匹马。众所周知，一节优秀的公开课，需要花费大量的精力，结果不仅教师自己疲惫不堪，甚至会影响正常的教学进度。针对这个问题，语文教研组实行捆绑式参赛机制，照顾到新老教师搭配，以及不同教学风格的老师搭配。这种机制非常受教研组教师的欢迎，不仅为教研组成员合作搭建了平台，而且增强了组内成员的归属感和认同感。

3. 推行组内教师分层公开课

J 小学将教师成长分为憧憬期、发展期、成熟期三个时期，根据不同时期老师所面临的不同问题、不同需求和特点，坚持开展有针对性的培养，使处于不同时期的教师得到发展。为此教研组开发出分层公开课：①新手型教师上技能比武课。②老教师上优质课。③骨干教师上研讨课。

（三）加强知识传承，实现资源共享

J小学语文教研组在教研组常规活动重构后，发现教研组的知识传承也存在某种弊端（如局限于小团体内部），为此，教研组成员进行了调整，协商加强教研组整体的合作，在资源共享上实施一些新的措施，主要表现在两个方面：

1. 实施教学资源"传递工程"

在坚持合作的原则下，丰富教研组的校本教学资源库，其中包括日常教学的教学设计、课件、教具等教学资源。首先，教研组进行了教学资源的积累，以年度教学为单位，教研组内的教师进行分工，每位教师负责自己任教学段相关材料的整理。随后，教研组推进"传递工程"，例如六年级老师的课件学年末会留给下一年任教六年级的老师，在学期末放假前，教研组会组织"教学资源传递会"。

2. 开通新教师听课"绿色通道"

为了使年轻教师特别是新教师尽快提高教学水平，更好地适应学科教学，促进年轻教师专业成长，教研组除了按照学校统一安排进行师徒结对，还开通了入职三年内新教师听课"绿色通道"。这些新教师具有和校长一样随时推门听课的权利。新入职两年的L教师在谈到听课"绿色通道"时说："记得我刚来学校时，没经验，特别想看看别的老师怎么上课，但老教师们都比较谦虚，总是说没什么看的，慢慢地自己也就不好意思再提，'绿色通道'给我们新教师搭建了很好的平台。"

三、J小学构建学习型教研组的困境及改进策略

（一）学校管理者和教师对"学习型组织"的认知偏差是建设的首要障碍

通过J小学的个案调查，发现对学习型组织的认知偏差是其构建学习型教

研组的首要障碍。对于学习型教研组作为学习型组织在教研组的应用，教育管理人员虽然熟悉其操作的策略，但对理论本身所蕴含的思想并不明了，存在"知其然而不知其所以然"的问题，导致在学习型教研组推行时存在一定的盲目性。主要表现在以下三个方面：第一，对"学习型教研组"认同度有待提高。第二，对共同愿景的理解存在误区。第三，实现"自我超越"和"心智模型改变""系统思考"任重而道远。

（二）教师理论知识的短缺是教研组实现组织知识转化和创造的瓶颈

在笔者访谈的过程中，问及教研组发展过程中所面临的困惑时，教师们谈得最多的就是感觉自身缺乏理论知识，理论素养相对不足，导致教研组在知识共享后转化的障碍。对此新教师 L 谈到自己的困惑"由于资源共享，我可以看到老师们的教学设计，教案等材料，但是对于这些材料背后隐藏的教育理念，有时候很难体会。"

（三）教学任务繁重，挤压教师的学习时间

学习型组织强调学习的重要性，但是学习是需要投入时间和精力的，在 J 小学，科任教师平均周课时 16~18 课时，担任班主任工作的教师平均周课时 10~13 课时。任务非常繁重。除完成基本的教学工作外，老师们还要承担学校活动、课外小组辅导等工作，使他们疲于应付，缺少学习和思考的时间和精力。笔者在学校调研期间，也能明显感觉教师们的忙碌，这在某些方面也凸显了 J 学校师资一定程度上的短缺。由此可见，为教师提供相对充足的时间，是构建学习型教研组的基本保障。

四、结语

学习型教研组的构建是一个开放，动态的过程，不可能一蹴而就，虽然在

实践的过程中难免会面临很多的困境，但 J 小学语文教研组勇敢地行走在学习型教研组建设的道路上，其不断努力促使教研组回归教研，增强教师之间的交流和合作，促进教师专业发展，从而有效改进和提高教育教学水平。

教师项目式研修课程方案设计及实施的探索

洪　丽（北京教育学院石景山分院）

为促进区域教师队伍的建设，培养高素质专业化创新型教师队伍，地区教师培训部门聚焦基础教育课程改革新理念，以项目式研修课程为载体，组织骨干教师开展项目式学习理念下的教学设计、实施、成果提炼等实践活动，促进教师专业发展。

一、教师项目式研修课程设计的背景

2022 年 4 月，教育部等八部门印发《新时代基础教育强师计划》。2021 年 7 月，"双减"政策出台；2022 年 4 月，教育部关印发《义务教育课程方案和课程标准（2022 年版）》。

为了全面贯彻落实国家教育政策方针，深化区域教师队伍的建设，提升教师高素质专业化创新型教师队伍能力，促进区域教育高质量发展和实现高水平现代化，在石景山区教育委员会的指导下，区域教师培训中心立足国内外教育发展的趋势及其启示，以提升 2022 年版新课程实施能力为目的，遴选部分优秀区级骨干教师，依托项目式学习理论开展骨干教师项目式研修课程的探索和实践。

二、教师项目式研修课程实施的意义

（一）提高骨干教师新课程实施能力，促进骨干教师专业发展。

在课程改革的当下，项目式学习被广泛认可和推崇。与传统的课堂教学相比，项目式学习有独特的优势。项目式学习是以建构主义理论为指导，强调学生在真实问题情境中探究学习，从而提升学生多元能力的教学模式。[1] 项目式学习以学生为中心，关注的是学科的核心概念和原理，学生在真实的情景中，自主探究活动，解决问题，制作作品，进行公开展示，实现了教 – 学 – 评的一致性。项目式学习符合《义务教育课程方案和课程标准（2022 年版）》、新课改的要求，是指导骨干教师学习吸纳新的教育理念，将新理念落实贯彻到教育实践之中，切实提高骨干教师的课改实施能力，促进骨干教师专业发展的途径之一。

（二）发挥骨干教师优势，丰富区域教师专业课程学习资源库

本次项目式研修课程充分发挥骨干教师优势，将以工作坊的形式指导每一位骨干教师完成一个项目式学习案例的设计和实施，通过过程性评价督促每位教师经历一个完整的项目式学习实践活动，最终，帮助他们将教学实践转化凝练成优质微课、课例、案例、论文等教学和研究成果，加入区域课程资源库，作为校本培训资源供全区中小学教师使用，形成区域骨干教师资源线上侧供给，促进区域教师学习资源的丰富。

（三）组织交流展示活动，提升区级骨干教师影响力和辐射力

在项目式研修课程设计中，项目组设计、组织不同阶段、不同层级、不同形式的交流展示活动，展示内容丰富，形式灵活。通过过程性的展示活动促进项目的进度和评价；通过总结性的展示活动提高教师反思、总结和提炼的能力。

---

[1] 李志河，张丽梅 . 近十年我国项目式学习研究综述 [J]. 中国教育信息化，2017（16）：52-55.

总结性的展示内容主要有课例展示、专题汇报、微课汇报等。通过展示活动，提高骨干教师理论联系实际、从实践中提取经验的能力；促使参与教师在实际案例中感悟优秀成果的研究方向；提升骨干教师在区域内和校级内的影响力和辐射力；扩大新课程理念的实施和影响。

三、教师项目式研修课程的活动设计

（一）研修内容与形式

本次研修以"促进区级骨干教师专业发展"为核心任务，聚焦项目式学习理论，以"大概念统领下的项目式学习""基于大单元下的项目式学习""指向学科融合的项目式学习""信息技术支持下的项目式学习""项目式学习模式下的大作业设计"五个主题为切入口，分别组建专题学习探究工作坊，辅以主题讲座和工作坊导师研磨指导，指导学生进行项目式学习教育教学实践的探索。

（二）项目式研修课程的实施过程

整个研修分三个阶段展开，具体安排如下。

1. 第一阶段：集中学习项目式学习理论与案例

九月份，项目组邀请专家对 35 位学员进行三场项目式学习理论的专题讲座。学员教师在掌握项目式学习的基本理论前提下，从"大概念统领下的项目式学习""基于大单元下的项目式学习""指向学科融合的项目式学习""信息技术支持下的项目式学习""项目式学习模式下的大作业设计"这五个主题中选择感兴趣的方向撰写项目式学习活动设计方案。

2. 第二阶段：基于五大主题的项目式学习工作坊

10—11月初，根据学员撰写的项目式活动设计方案，进行分类，形成五个主题的项目式学习研修共同体，以工作坊的形式开展研修活动。项目组邀请专家分别进入不同的工作坊带领学员教师，围绕本主题开展项目式学习案例的研摩。

3. 第三阶段：项目式学习成果提炼与典型案例推广

11月中下旬至12月，全体学员对项目式学习内容进行提炼，并产出成果。这个阶段分三步骤完成：首先对初稿进行分类指导；其次，组织专家对稿件内容进行多次一对一指导；再次，遴选优秀成果形式文集，并指导准备参加全国公开展示活动。最后，优秀案例、课例参加全国公开展示。

四、教师项目式研修课程的实施特点

（一）以理论学习为基础，实践转化是重点

理论学习包括专家讲座和自主读书两个方面。专家围绕项目式学习的基本理论、设计、实施和评价进行系统阐述，项目组为每一位学员配置项目式学习专业书籍。通过理论学习，骨干教师对项目式学习有了全面的了解和认识。

实践转化是项目研修的重点。骨干教师在理论基础上开展项目式学习实践探索，教师们在培训研修过程中进行项目式学习实践案例研究，实现实践与理论对接，促进理论的实践转化。

（二）以主题工作坊为核心的共同研修

围绕新课程中的关键概念，项目组组建了"大概念统领下的项目式学习""基于大单元下的项目式学习""指向学科融合的项目式学习""信息技术支持下

的项目式学习""项目式学习模式下的大作业设计"五个主题工作坊,在工作坊活动中,教师们互相学习,围绕同一个主题共同研修。

(三)任务驱动,引导教师"做中学、学中用"

骨干教师们在本次研修中的任务非常明确,每人通过实践形成一个项目式学习典型案例,并将案例打磨,形成文本。在任务驱动下,教师们亲自在教学实践中去探索项目式学习,实际地去解决学生在项目式学习过程中出现的各种真实问题,创造性地设计与实施项目式学习,遇到问题查阅资料、阅读书籍,尝试各种创意性的方法,在探索实践过程中体会项目式学习的基本过程与方法,体会其与传统教学的差异,感悟其对学生发展的价值,真正做到"做中学、学中用"。

(四)逐步推进,全过程指导

项目组在项目式学习工作坊活动中采取了小步骤推进、全过程指导的方式。从选题、核心问题确定,到项目背景分析、子项目设计、项目实施阶段的导引课、探究课、展示课设计,再到工具开发、成果形成等,工作坊的指导教师带领骨干教师步步推进、逐步深入,并对每一位骨干教师进行全过程性指导,不断进行迭代升级、调整改进。

通过小步骤推进、全过程指导,教师们体验了项目式学习实施过程,也更深入领会了项目式学习的要点和优势,顺利地完成项目式学习案例的实践和展示。

(五)外部支持,促进成果转化

在骨干教师项目式学习研修过程中,项目组的指导教师与骨干教师们协商制定了项目式学习方案设计模板、项目式学习案例文本呈现模板,为骨干教师进行项目式学习提供了统一的支持性工具,大家依据项目设计的量表,掌握了项目式学习方案设计、实施与成果呈现的基本方法。同时，在方案设计、实施课例、案例等各个关键环节对骨干教师呈现的设计与实施过程进行不断研讨、优化、改进，形成了典型样式和范例，供其他骨干教师参考。

五、教师项目式研修课程的评价及实施效果

在培训实施中，项目组采取了过程指导性评价、展示性评价、终结性评价。

（一）过程性评价推动项目进程及方向

在研修过程中，指导教师同学员一起制定各类评价量规，指导教师针对每位骨干教师所提交的方案设计、研究课、案例成果等，利用量规进行具体指导，并在指导过程中给出评价，通过评价推动工作坊研修活动中的研讨交流，促使教师明确改进的方向。

（二）展示性评价引导教师感悟优秀成果的方向

在培训中，项目组安排各种形式、不同层级的展示活动，而展示也是一种评价，通过优秀课例、专题汇报、微课等的展示形成一种评价导向，促使参与教师在实际案例中感悟优秀成果的方向。

（三）终结性评价促进教师经验的总结能力

项目组还通过优秀微课评选、论文及案例提交及评分等方式进行了终结性评价，在评价过程中指导教师同骨干教师共同研制了评价标准。

本次研修活动，精选优秀案例和论文32篇，收录至石景山区教育学会的"教育动态"。项目组围绕典型案例进行集中指导打磨，形成8个典型优秀案例，收录成为区域研修平台上的优质课程资源。

六、结语

本次研修紧扣当下热点专题，聚焦课改关键能力，搭建多样培训平台，拓展研修成果形式，注重教师成果转化，构建了教师理论学习与实践研修相结合的学习形式，为未来开展类似的研修课程提供了成功的经验。

"双减"背景下青年教师
心理资本提升培训课程设计与实施

王　琦　袁榕蔓（北京市京源学校小学部）

　　"双减"政策旨在有效减轻影响教育系统健康运转的学生作业负担和校外培训负担，精准化解"减负"路上的难题，并持续推进"减负"工作的实施。实施"双减"政策对教师能力提出了更高的要求，教师不仅要学会"教书"，还需要具备"育人"能力及其他多元能力，如统筹、合作、家校沟通、师生沟通等。在"双减"时代背景下，青年教师不断面临新挑战、应对新发展、适应新变化，使得教师心理健康、教学效能感及心理动能面临巨大挑战，亟需强大的心理资本支持。因此，开发与培养青年教师的心理资本，是学校青年教师培养的重要内容。

　　相比人力资本和社会资本，心理资本是一种无形的心理资源，可以使个体获得更多的竞争优势。教师心理资本是指教师在成长和发展过程中表现出来的一种积极心理品质，能够帮助教师提高工作绩效，从而为教师和学校创造更多的竞争优势。

　　以往研究发现，心理资本作为一种状态值，可以改变。近年来，教育学和心理学领域越来越关注心理资本的研究，心理资本培养作为教师教育的重要途径，可以提高教师的工作绩效和职业幸福感。[1]心理资本的开发可激发教师的内在积极资源，通过积极的自我调节提高应对压力的能力和工作满意度，还可进

---

[1] 周宇柯，黎倩，周二华.中小学教师的心理资本开发[J].人民教育，2015（21）：56-59.

发出丰富的正能量，促进工作投入和职业生涯的良好适应与发展。❶

　　为助力青年教师发展成长，以往青年教师培训也做了许多实践探索，但未取得满意的效果。究其原因，以往的培训更多关注青年教师教学能力等方面的提升，而忽略了对教师心理层面的关注和培养，缺少对青年教师内驱力的调动。因此，提升教师的心理资本成为目前学校教育管理中一项刻不容缓的任务。

一、青年教师心理资本提升课程建构的必要性

　　当前，学校任课教师中，青年教师（40岁及以下）人数占比近66.06%，他们学历水平较高，其中硕士学位占比超过40%；且具有丰富的研究经验，然而这些青年教师也面临一些问题，如"双减"政策实施后教师面临的新使命和更高的专业能力要求，长期的压力导致部分青年教师的职业认同感降低、精神压力增大。此外工作任务增多、可支配时间减少、工作与家庭失衡感的增强等问题都对教师的专业发展和工作动力产生消极影响，导致一部分青年教师在心理层面上存在内在动力不足。

　　通过前期对本校青年教师心理调查与访谈可以发现，青年教师心理资本平均分为4.63分（总分7分），青年教师心理资本处于中等偏下水平，有待提高。分析具体每位老师分数，可以发现教师在心理资本的各个维度（教学效能感、乐观、希望、韧性）等方面差异比较大。如果对青年教师采取统一培训模式，则不容易达成最好的效果。

　　通过对青年教师的访谈发现，青年教师的需求集中在如何提高自身教育教学能力，比如如何备课、评课，以及如何做好家校沟通、师生沟通等，这也体现出青年教师教学效能感的危机，同时，青年教师也反馈出压力较大，在面对学生和教学任务时，缺乏信心，有畏难情绪；在遇到困难时无处求助，

---

❶ 毛晋平，刘赛花，周情情.中小学教师心理资本的干预研究[J].教师教育研究，2016，28（5）：98-103.

缺乏支持等情况，这些都反映出教师心理动能不足，缺乏希望、乐观、韧性等积极品质。

教师是学校人力资源的核心力量，学校教育主阵地作用的充分发挥离不开教师。基于对学校青年教师的整体调研和分析，学校成立专门项目研究团队，构建了青年教师心理资本培养课程体系，为青年教师打造了专业发展支持环境，为促进青年教师更好更快速地成长提供了强力支撑。

二、青年教师心理资本提升课程的构建思路

（一）青年教师心理资本提升课程构建的理论基础

教师心理资本是指教师在成长和发展过程中表现出来的一种积极心理状态。[1]教师的心理资本包括教学效能感（相信自己对学生学习和行为的积极影响）、乐观（对成功有积极的归因方式）、希望（为实现目标锲而不舍，不断地对自我进行调整）、韧性（遇到困难挫折时能迅速恢复）。教师心理资本作为一种积极的心理资源，不仅可以提高教师的一般心理素质，也有利于提高教师的专业心理素质。[2]本课程设计基于 2005 年卢桑斯（Luthans）提出的心理资本干预模型，力求在"双减"的时代背景下有目的地提升青年教师的自我效能感，以及乐观、希望和韧性等积极心理品质，最终提升教师的职业认同和幸福感。

（二）青年教师心理资本提升课程的目标

1. 做有信心的教师

有信心即具有教学效能感，教学效能感是教师对自己能够积极地影响学生

---

[1] LUTHANS F，YOUSSEF C，AVOLIO B J. 心理资本——打造人的竞争优势 [M]. 李超平，译 . 北京：中国轻工业出版社，2008.

[2] 周玉娟 . 基于心理资本的中小学教师心理素质提升策略 [J]. 基础教育研究，2020（21）：83-85.

学习和行为的能力的一种主观判断。[1]教学效能感高的教师能够自觉、主动地提升自身职业素养,促进专业成长,从而更有利于教育教学质量的提高。提升教学效能感主要通过求"真"规律课程实现,主要包括两条路径,分别是通过专家引领路径和共同体学习路径。

2. 做有希望的教师

希望是"以追求成功的动力(目标导向的能量)和路径(实现目标的计划)交互作用为基础的一种积极的动机性状态。"[2]教师希望品质的培养主要通过求"善"课程中行动计划书路径和"共同体学习——自发自愿为依托的青年同盟"路径实现。

3. 做很乐观的教师

乐观即对成功事情多作内在、整体的归因,对失败事件多作外在、暂时性的归因,是一种对生活中发生的事件进行解释与归因的风格。[3]教师乐观品质培养通过求"善"课程的共同体学习路径和资源平台路径实现。

4. 做有韧性的教师

韧性是指人们从困难、挫折中迅速恢复的心理能力[4],韧性包含从以下几个方面的境况中恢复过来的能量或者意志,即:困境、积极性事件、挑战性事件。教师韧性品质通过求"美"自我课程实现,主要通过心理辅导及工会支持路径实现。

---

[1] 雷浩,王希婧.我国中小学教师教学效能感的变迁规律研究——一项横断历史元分析 [J].教师教育研究,2022,34(5):33-39.

[2] SNYDER C R, IRVING L, ANDERSON R. Hope and Health:Measuring the Will and the Ways [J]. Handbook of Social and Clinical Psychology:The Health Perspective,1991.

[3] FRED L,CAROLYN M Y,等.心理资本——打造人的竞争优势 [M].李超平,译.北京:中国轻工业出版社,2008.

[4] MASTEN,ANN S. Resilience in development [M]. Guilford Publications,2014.

三、青年教师心理资本提升课程的实施

在立足学校"真""善""美"理念及建设学术型教师队伍的目标基础上构建青年教师心理资本发展的三大主体课程，分别是求"真"规律课程、求"善"发展课程、求"美"自我课程，从而落实提升青年教师的"自我效能"品质、"希望"品质、"乐观"品质、"韧性"品质。

（一）求"真"规律课程，提升青年教师教学效能感

教学效能感的开发是以任务为依托，激发青年教师自主学习欲望。学校实施求"真"规律课程，其中专家引领课程内容包括"专业理念与师德""专业知识""专业能力"，如教师师德师风、职业理解与专业规划；教育学与心理学知识、学科知识和学科教学知识；脑科学与学习科学；传统文化知识；教学设计、教学实施、教学反思、教学评价、班级管理、教学科研等方面专题模板培训等内容。针对共同体学习——以教研组为单位的教研陪一体课程，学校为青年教师安排了学科教学师傅或班主任师傅，为期三年，旨在让青年教师的成长有指导和陪伴。青年要与师傅一起完成"三个一"工作：每周听师傅一节课，共同开展一项课题研究，在师傅的指导下完成一次校级及以上的教育教学展示。

（二）求"善"发展课程，提升青年教师"希望""乐观"品质

"希望"品质培养通过求"善"发展课程实现，通过行动计划书和"共同体学习——自发自愿为依托的青年同盟"实现。行动计划书，可通过帮助青年教师明确目标，确立行动方法，并激发自身动力。学校每学年会开展青年教师行动计划书辅导，帮助青年教师不断完善一年、三年、五年、十年发展愿望，并指导其细化具体可实现的指标、可以寻求的资源、需要的帮助、面临的困惑等。通过计划书撰写能够帮助青年教师对专业发展形成更加客观的认识、更有愿景

的期待，同时帮助青年教师坚定职业理想，使得青年教师未来的发展更有目标、更有希望。共同体学习——自发自愿为依托的青年同盟，主要通过定期开展青年同盟教师座谈及基于青年教师自愿发起教师选修课形式实现，青年教师根据自身特长承担相应的课程讲授任务，比如书法、健美操等。以自发自愿及自我擅长任务出发，更利于帮助教师对教师专业发展及职业发展充满期望，培养其"希望"品质。

"乐观"的品质培养通过求"善"课程中共同体学习和资源平台路径实现。其中共同体学习——以跨学科为基础的项目式学习，是指以教师关注的微小现象为焦点，教师自由组合项目式团队开展项目式研究，诸如"小小调音师""我是京剧传承人""我为学校建言献策""我是昆虫展厅策展师"等项目，项目问题来自青年教师教育教学情境中的发现。该学习模式提高了不同学段、学科青年教师之间的交流，为教师搭建了更加积极的成长支持圈。

除此之外，学校还通过资源平台包括"新课堂·新成长·新未来"学思结合分享及为青年教师搭建每学期至少一次校级公开展示机会。通过共同体的支持及搭建教师展示平台，在这个过程中培养教师用更积极的方式思考问题为教师营造了乐观向上的工作氛围，有利于培育教师乐观品质。

（三）求"美"自我课程，提升青年教师"韧性"品质

教师"韧性"品质主要通过求"美"自我课程实现，其中包括教师心理辅导课程和工会支持课程。教师团体心理辅导课包括教师情绪疏导、压力疏解、幸福感提升等内容；教师个体心理辅导包括为教师提供一对一个体心理辅导服务；工会支持主要指在每学期为青年教师组织校内拓展活动或者校外团建活动等，通过求"善"自我课程，为教师营造学校社会支持系统，帮助青年教师更好应对工作中的困难，提升教师"韧性"品质。

四、青年教师心理资本提升课程的评价探索

教师心理资本提升课程评价的对象是青年教师，如何构建求真务实的教师发展评价体系，是落实教师发展的保障。学校形成了自评、他评相结合；过程评价、结果评价和增值评价相结合的评价标准，评价机制完善全面。

教师自评包括评估教师教学效能感、乐观、希望、韧性等方面变化，通过每学期初及每学期末采集两次教师数据并进行分析，观察教师在心理资本及各个维度（教学效能感、乐观、希望、韧性）等方面的变化。

他评包括对教师生涯档案袋中教师作品的文本分析，客观评估教师的成长和变化。生涯档案袋中包括教师行动计划书文本、教师读书会分享内容、教师团体心理辅导作品等内容。

在自评与他评的过程中也体现了对青年教师及心理资本提升课程的过程评价、结果评价，同时对于教师不同时期心理资本现状调查及一对一的档案袋文本分析体现了增值评价的内容。

非师范专业背景小学青年教师
教育教学能力提升的研究

艾　玲（北方工业大学附属学校）

一、研究背景

（一）教师资格国考政策的实施对非师范专业背景的人员从教能力提出的要求

2000 年 9 月 23 日《教师资格条例》实施办法颁发，预示着全面实施教师资格制度在全国范围的内正式启动，也标志着非师范专业背景的人员具备了通过参加教师资格考试进入教师队伍的机会。在该实施办法中第二章资格认定条件中第八条第一款中明确规定：申请认定教师资格者的教育教学能力应当具备承担教育教学工作所必需的基本素质和能力。

教育教学基本素质和能力主要包括以下四个方面。

（1）综合素质：具有先进的教育理念、良好的法律意识和职业道德及一定的文化素养；具有阅读理解、语言表达、逻辑推理、信息处理等基本能力。

（2）教育（保教）知识与能力：教育的基础知识和基本能力；学生指导的知识和能力；管理班级的知识和能力。

（3）学科知识与教学能力：拟任教学科的专业知识与有效教学能力。

（4）教育教学实践能力：主要包括选择教育教学内容和方法、设计教学方案、掌握运用教育学心理学知识的能力、语言表达能力、管理学生的能力，运用现代教育技术的能力以及为提高教育教学水平而进行研究活动的能力等。

（二）学校非师范专业背景青年教师教学能力现状

北方工业大学附属学校小学部在编教师共 99 人，其中 35 岁以下的教师只有 24 名。这 24 名教师学历都在本科以上，但是 55% 的青年教师都是非师范专业背景。这部分教师由于缺乏系统化、专业化和规范化的师范类院校专业培养过程，导致在教育教学能力方面存在不足和困境。主要表现在：

1. 教育理论知识不够

非师范专业青年教师的理论知识大多来源于准备教师资格证考试前的备考培训或者自学，掌握的《教育学》《心理学》理论内容基本用于答题，没有形成系统的理论基础。

2. 职业道德信念不强

教师这一职业需要极强的责任感和使命感，需要付出更多的精力和时间，需要耐心、细心、爱心。然而不少非师范专业背景的教师由于入职前没有明确的职业发展规划，入职后仅仅把教师当成一份工作，从而缺少对教师这一工作的热情和动力。

3. 教学实践经验不足

非师范专业青年教师大多缺少在小学校园实习的经历。学生的校园一日生活是繁杂和忙乱的，这一过程的缺失直接导致他们在工作中没有任何经验可谈。

二、研究的目的及意义

（一）研究目的

通过对非师范专业小学青年教师教学能力提升策略的研究，发现这些教师在教学能力提升中存在的困境及成因，并结合学校发展的实际，摸索出适合他们的成长路径。

（二）研究意义

通过对非师范专业小学青年教师教育教学能力提高的研究，分析这些教师教学能力的现状、存在问题和成因，构建非师范专业青年教师教育教学能力发展的策略和框架，能够掌握教师成长规律，促进学校教育教学质量全面提升。

三、研究内容

研究非师范专业的青年教师的教育教学能力存在问题和发展的困境及成因；探寻他们提升能力解决发展困境的有效路径。

四、研究结果

根据学校非师范专业青年教师背景的现状信息调查，在分析教师教学能力相关理论的基础上，从教师职业道德、教育教学方面入手，以学校的非师范专业背景教师为个案，借助问卷和访谈方式，对学校非师范专业背景教师教学能力现状开展调查研究，分析其专业发展现状存在问题以及成因，探究解决策略。

（一）教师职业道德及理想信念方面

通过对本校非师范专业背景青年教师的访谈及调研，了解到她们当中很多人认为教师职业福利待遇好、工作和工资稳定，缺乏对本职业深层次的认识。

（二）教学设计能力方面

1. 教学设计缺乏充分的教学分析

在编写教案方面，绝大多数的非师范专业背景教师存在主观性过强的问题，过于依赖教师用书资源和教材，知识容量及内容相对浅、薄，很少考虑引入其他现代化手段，教学设计多从教学参考书入手，很少考虑学生自身发展需求。

2. 教学过程设计形式陈旧

非师范专业背景的教师对教学过程的设计过于陈旧，忽略教学目标的落实，教学环节的设计中缺少师生双方的有效互动。

（三）教学组织能力方面

通过一个学期对多位非师范专业背景青年教师课堂教学的观察发现，他们对课堂时间把控不足，教学环节处理不当；教学任务完成度不高；课堂纪律组织方式不足；课堂气氛沉闷等。究其原因，有如下两点。

1. 非师范专业青年教师教学驾驭能力不足

这部分教师在大学期间很少接触目前的教育改革，他们的教学大都停留在自己受教育的印象中。问卷调查结果显示，教学过程中可按照实际教学情况调整教学难度和进度的教师不足 50%。在对学生的调查结果中得到的结论更为堪忧。

2. 非师范专业青年教师教学组织能力不足

非师范专业的青年教师往往在课上忙着背教案、过教案，无暇顾及学生在课堂上的实际获得，对学生的关注严重不足，缺乏从学生的角度思考问题的能力。

（四）教学反思能力方面

通过查阅非师范专业背景青年教师的备课笔记结果显示，部分非师范专业背景青年教师反思意识极为薄弱，每节课的教学反思只有寥寥几笔，而且对教学过程的反思几乎没有涉及，大多是课堂教学中的学生情况、学习进度等，不能及时反思调整自己教学中出现的问题。

五、提升非师范专业青年教师教学能力的策略

（一）树立职业理想，提高自我认同感和职业认同感

树立职业热爱："教师职业为教育而生、因教育而存在，教师栖居于学校的三尺讲台，他们全部的职业生涯意义指向于学生的发展并以此促进社会文明的进步。"从多学科角度而言，提升教师的专业能力是必须的。

1. 挖掘学校内部资源，用身边的榜样影响非师范专业青年教师的教育观

榜样的引领与示范可以唤醒非师范专业背景的青年教师的职业热情，激发他们对教师这个岗位的热爱。挖掘本校教师中的榜样人物，开展交流演讲会，让青年教师们倾听老教师的成长历程，学习老教师的敬业精神和对教师这个岗位深层次的认识。

《师者匠心 专心做好一件事的人》中的齐春玲老师，执教 33 年始终坚守教学一线。《以"工匠精神"做好本职工作的人》中的鲁燕老师，用敬业、精益、专注、创新的"工匠精神"对待着每一节科学课。《职业的积淀使他们依然书写着职业的匠心》中的赵华成老师，用脚步丈量学校，护卫着校园的安宁。这一位位坚守初心，奉献岗位的老教师每天工作生活在年轻教师的身边，用他们的一言一行带动、影响着年轻人，从而能让年轻教师从心底敬畏教师这份工作，从这些身边的榜样中感受教师的平凡与神圣。

2. 培养主人翁意识，让他们融入学校的发展与建设，成为真正意义的接班人

教师这个职业只有把自己真正融入学校，融入这个集体，共同承担起学校的发展与建设，才能发自内心地敬畏与热爱，成为学校真正的中流砥柱。

新入职的非师范专业背景的青年教师因为没有实习经历，教育教学的理论难以在实践中落实。所以，安排他们与学校领导共同值周，每天迎来送往学生，处理校内外的突发问题。他们的职业生涯从热情地与学生打招呼开始，在一声声的问候中感受这份沉甸甸的爱与责任。

3. 学会换位思考，带领青年教师处理各种问题，认识到教育深层次的责任

我们带着新入职的非师范专业背景的青年走近不同的学生家庭，手把手教给他们处理问题的方法，学会换位思考，理解家长的苦衷。学校中层领导在解决各种学生问题时会与这些老师们一起，让这些年轻教师看着老教师怎样真诚地劝慰家长，怎样站在家长的角度思考问题，让这些青年教师逐步成长。

（二）教师教学能力提升策略

针对本校非师范背景青年教师的成长需求，学校研究设计了一套提升策略：从认识岗位重要性开始，学习身边的榜样，到对教学各个环节的能力提升，做好教师个人发展规划，让青年教师一步步走向成熟。

1. 薪火相传，落实师带徒计划

学校为每一位青年教师认定师傅，这些非专业背景的青年教师更是受到重视，学校为他们精挑细选德高望重的老教师做师傅，并举行隆重的拜师仪式。师带徒形式开展以后，青年教师的教学能力稳步提升，多名青年教师在各种展示活动中脱颖而出。

2. 搭建舞台，提供学习、展示的机会

学校每学期为青年教师创造机会，搭建平台。利用多个骨干教师的课题研讨平台，引领青年教师亲自参加课题研究，在研究中提升青年教师备课水平，并承担带题授课任务；利用每年的区级教育教学大赛机会，鼓励帮助年轻教师参加，在磨炼中提升能力；利用区级教育教学研讨季，学校也尽可能多地申报活动项目，为更多的年轻人提供机会平台，促使他们快速成长。同时，支持他们参与市区的各种活动，开阔视野。

3. 相互促进，成立学习成长共同体

树榜样，学典型，利用青年教师共同体引领教师静下心来学习，踏实下来读书，安静下来钻研教材教法，携起手来共同进步，促进学校青年教师队伍的成长。

六、结语

非师范专业背景青年教师在经过学校的系统培训、有效引导，以及通过开展的系列活动，教学能力得到了快速提升，有些教师虽然没有教育专业背景，但是经过入职后学校后续的培养，通过自己的积极进取最终也能够很好地胜任教育教学工作。

第七篇

协同视野下依托课题
开展家校协作的研究

发展心理学视角下九年一贯制家长学校课程的设计及实践研究

张玉娇（北京市京源学校莲石湖分校）

家长学校是普及家庭教育知识、提高家庭教育水平、优化家庭教育环境的一条有效途径。通过家长学校，学校向家长宣传现代教育理念，推介正确的家庭教育方法和经验，剖析家庭教育的误区及其危害，从而转变家长的教育观念，提高家长的教育素质，帮助家庭提高教育能力，使家校产生积极的协同教育力量，促进学生健康成长。

因此，学校以发展心理学理论为指导，关注学生各个年龄阶段的主要发展任务，根据学生的阶段特点建构其家长学校课程体系，创设积极的课堂环境，有目的、有序列地促进家校协同教育，共同为学生的成长保驾护航。

一、梳理问题，聚焦课程意义

随着教育事业的发展和家长受教育水平的提高，我国家长教育孩子的水平也在提高。但还有为数相当多的家长，教育观念滞后，他们太爱孩子，而又忽视自身学习。有的对孩子期望值过高，急功近利，迷信"天才教育"，希望"克隆"神童，对孩子强行塑造，想把自己的愿望强加给孩子；重教子轻自修，不能为孩子做出做人的榜样；不尊重孩子的隐私；重智育、轻德育，不重视劳动教育；教育方式多训斥、少疏导，以及用溺爱或暴力等极端方式对待孩子等。

家庭教育行业调查分析显示，30% 左右的家长坦言自己是个"失败的父母"。许多过时甚至错误的家教理论仍是家长的信条。如"三岁关键期""赢在起跑线上""右脑开发""脑只用了 10%""早教越早越好"，等等。许多正确的家教理论，包括我国传统家教理论精华以及国内外最新的科学家教理论，比如 20 世纪 90 年代发展起来的脑科学研究成果等，否定了社会流行的那些错误观念，但绝大多数家长知之甚少。

总之，家庭教育作为国民教育不可分割的组成部分，呼唤与学校教育及社会教育紧密结合。学校教师需要专门培养和培训，作为孩子第一任教师的家长，也理所应当接受应有的教育和培训。综上所述，学校设计及实施发展心理学取向下的家长学校课程很有必要。

二、界定概念，厘清课程思路

（一）家校协同教育

家校协同教育是指学校教育系统和家庭教育系统之间的相互联系与作用而产生的协同效应，包括家庭协同学校教育和学校协同家庭教育。学校协同家庭教育指学校教育系统部分要素或信息进入家庭教育系统产生的协同教育。比如，教师通过家访、家长会及微信群等方式为家长提供学生的学习和生活信息等。家庭协同学校教育指家庭教育系统部分要素或信息进入学校教育系统产生的协同教育。比如，家长通过家长会、电话、微信等手段反馈学生在家庭中的情况，并且通过家长职业讲座及志愿服务加入学校活动等。❶

家校协同教育通道是指家庭系统与学校系统之间相互作用时，系统的要素或信息传递的途径与方式。通道在整个家校协同教育系统中就像是一座桥梁，家庭和学校通过通道产生家校协同教育的功能。家校协同过程中，家庭与学校、家长与教师在关系和地位上是平等的合作伙伴关系，当学校协同家庭教育时，

---

❶ 史行 . 高校家校协同教育的策略研究 [J]. 学园，2013，124（27）：41.

信源端的主要对象是教师和学校媒体，信宿端是家长；当家庭协同学校教育时，信源端的主要对象是家长和家庭媒体，信宿端是学校和老师。❶

（二）家长学校

家庭教育是现代国民教育的重要组成部分，是学校教育和社会教育的基础。家长学校可以通过多途径普及家庭教育知识，能有效促进学校教育、家庭教育、社会教育三者有机融合。家长学校是以未成年人家长为主要教育对象，宣传正确的家庭教育思想，普及科学的家庭教育知识，提高家长素质和家庭教育水平的主要阵地，是优化未成年人健康成长环境、推进社会主义精神文明建设的重要阵地。

（三）发展心理学视角下家长学校课程的设计及实践研究

以发展心理学理论为指导，聚焦埃里克森心理发展八阶段理论，关注学生各年龄阶段的主要发展任务，根据学生的阶段特点建构起家长学校课程体系，创设积极的课堂环境，有目的、有序列地促进家校协同教育，共同为学生的成长保驾护航。

三、分析现状，促进课程落地

（一）家庭教育视角下家长学校建设的研究现状

教育部印发的《关于加强家庭教育工作的指导意见》明确提出："共同办好家长学校。中小学幼儿园要把家长学校纳入学校工作的总体部署……设计较为具体的家庭教育纲目和课程，开发家庭教育教材和活动指导手册。"由此可见，家庭教育的推进是国家层面高度重视的一项工作。

---

❶ 刘繁华.家校协同教育通道的研究 [J]. 中国电化教育，2009，274（11）：16-19.

家庭教育是现代国民教育的重要组成部分，是学校教育和社会教育的基础。家长学校要以学生家长为主体，为家长提供科学教育孩子的方法指导，这对提高家长的教育水平，增进学生全面和谐发展以及促进家庭和睦幸福有着非常重要的作用。

（二）发展心理学取向下家长学校建设的相关研究和结论

以发展心理学的理念引导家长学校课程的建设，关注不同年龄段学生发展的主要任务，同时也可以兼顾不同年龄阶段学生的家长的需求。基于协同学理论，协同教育需要家庭、学校和社会三个系统的有机结合，并通过有效的沟通机制实现有效的沟通和有效的合作。理想的协同教育是基于和谐的家庭、学校、社会关系，最大限度地融合教育资源，形成教育合力，共同为儿童的发展提供稳定的动力，最终为创造学习型社会提供强有力的支持和可能。协同教育是研究新型家校关系的新思路。

四、研究计划，建构课程路线

（一）九年一贯制家长学校课程建构路线

1. 第一阶段

第一，构建各阶段学生的特点和主要发展任务；第二，构建针对每种发展任务的具体讲座／沙龙的主题；第三，根据文献研究和家长访谈编制家长情况调查问卷及家庭教育需求问卷；第四，根据家长访谈和问卷结果修订课程目标、内容体系；第五，初步确定九年一贯制家长学校课程的整体设计思路和具体内容。

2. 第二阶段

第一，研讨九年一贯制家长讲座及沙龙的具体施行，并形成体系和文本成果；第二，构建九年一贯制家长学校课程的内容评价指标体系及制定家长学校课程后的评价方案和评价工具。

（二）九年一贯制家长学校课程的行动研究路线

1. 第一阶段

第一，依照课程目标、内容体系和整体设计原则、思路、方法、流程对班主任进行培训；第二，通过班主任完成家长基本情况调查及家庭教育需求问卷；第三，设计和实施校本化、系列化、序列化的家长学校课程，修订目标、内容体系和整体设计原则、思路、方法；第四，在实践中逐步积累经验，优化课堂的内容及流程设计；第五，在课堂教学实践中积累和提炼设计案例。

2. 第二阶段

第一，在上一轮行动的研究基础上，扩大家长培训数量，改进家长学校课程的设计；第二，积累优秀家校沟通案例，展示和推广阶段性研究成果；第三，利用活动课教学设计、实施评价方案和评价工具进行新一轮的评价，撰写研究报告及论文。

五、实践成效，实现课程落地

（一）课程理念

结合学校办学理念，基于学生及家长特点，开发家长学校系列课程。本课程旨在寻求在九年一贯制学校的教学实际中，形成以家长课堂为途径、学校为引导、有意愿参与的家长为支持合作伙伴，形式多样的家校协同模式。通过此系列课程，促进家校协同教育，营造互动沟通、协调一致的家校和谐关系，形成同向、同步的教育合力作用，以共同促进学生的健康成长。

（二）课程目标

本课程旨在通过家长讲座及沙龙，依据政策文件及埃里克森人生发展阶段等心理学理论，积极发掘专家资源和社会资源，通过智慧家长课堂促进家长育儿能力的提升；同时，学校积极挖掘家长资源，开发家长主讲的职业讲座，加强学校与家庭之间的沟通，形成教育合力，为学生成为有能力担当社会责任和创造幸福生活的高素质人才而服务。

（三）课程内容

学生在不同的年龄阶段，也正是家庭的不同阶段，父母与子女的沟通方式、界限、行为都会有所不同。因此，基于学生个体的心理发展特点与家庭发展任务特点，形成了九年一贯制的家长学校系列课程，内容见表1。

表1　九年一贯制家长学校系列课程

年级	课程主题	核心内容和价值
一年级	●读懂孩子，完成入学适应	掌握小学生的心理发展特点与主要发展任务及小学阶段家庭教育的特点
	●如何集中注意力	掌握注意力的发展特点，并在此基础上了解帮助孩子集中注意力的方法
二年级	●家校协同，培养良好习惯	掌握培养良好习惯的方法，并通过家校协同配合，培养学生的良好习惯
	●认识身体，保护自己	从科学的角度帮助孩子认识身体、喜欢自己的身体，懂得保护身体的方法
三年级	●原生家庭影响	理解原生家庭对自己的影响，并对现在的家庭角色和功能做适当调整
	●正面管教	理解正面管教的内容，并使用正面管教的方法，改善家庭教育方式
四年级	●保护孩子的自信心	理解孩子不同发展阶段的发展任务，并为之进行调整
	●教养方式	了解四种不同教养方式对孩子的影响，适当调整家庭教养方式
五年级	●迎接青春期	了解孩子身心发育状态，为孩子顺利进入青春期做好准备
	●青春期准备	了解孩子身心发育状态，为孩子顺利进入青春期做好准备

续表

年级	课程主题	核心内容和价值
六年级	●透过冰山，读懂孩子	用冰山理论来更立体完整地认识孩子，适当调整获得更好的教育效果
	●小升初的衔接	了解小升初带来的变化及孩子可能的压力，为小升初做好准备
七年级	●家庭教育特点	掌握初中生的心理发展特点与主要发展任务及初中阶段家庭教育的特点
	●常见心理问题应对	了解中学生常见的心理问题，从科学的角度看待心理问题，并能有效应对
八年级	●青春期孩子沟通技巧	理解青春期孩子的变化，给其适当的独立空间，掌握有效沟通的方法
	●青春期常见问题应对	理解青春期孩子的变化，恰当应对青春期的常见问题
九年级	●做孩子的后盾而不是教官	掌握中考阶段学生的特殊性，理解孩子的压力状态
	●支持孩子，从容应考	陪伴并帮助孩子顺利度过中考并获得发展

六、展望反思，促进课程发展

在未来家长学校课程实施过程中，学校将继续发挥团队力量，不同年级的教师根据实际情况共享信息、反馈实施情况，合理统筹、设置家长学校课程内容，将可做的项目与主题有机整合，真正实现整个课程内容紧密结合、螺旋上升，促进家长学校教育的良性发展。

基于情绪智力的小学家庭教育指导实践研究

芦震红　刘慧莹（北京市石景山外语实验小学）

一、家庭教育指导研究的意义与价值

家庭教养方式和学生情绪智力存在密切关联，家庭的情感温暖和理解与情绪智力存在显著正相关。良好的家庭教养方式、家庭氛围、沟通模式会影响孩子情绪表达、自我控制的发展，而小学生的情绪智力对小学生生活适应和心理健康具有重要影响，因此提升家长的情绪智力有助于提升学生的情绪智力，助力学生健康、快乐成长。

中共中央、国务院印发的《关于深化教育教学改革全面提高义务教育质量的意见》❶指出要"重视家庭教育""充分发挥学校主导作用，密切家校联系"。家庭教育相关研究经过不断的发展，取得了一定的成果，但是研究理论对实践的指导价值有待提升。目前家庭教育指导涉及多个方面，但在情绪智力方面只有家庭教养方式与情绪智力的关系相关的研究，改善情绪智力的相关研究较少。本研究加强家庭教育研究对实践的指导价值，同时通过实施家庭教育课程，补充家长学校实现路径研究，具有一定的实践意义和学术价值。

二、研究设计

（一）核心概念

情绪智力是社会智力的构成部分，是一组整合情绪和智力以促进问题解决

---

❶ 中共中央 国务院.关于深化教育教学改革全面提高义务教育质量的意见 [EB/OL].（2019-06-23）[2023-08-23]. http：//www.gov.cn/zhengce/2019-07/08/content_5407361.htm.

的能力总称，包括对情绪进行准确推理的能力，以及利用情绪和情绪知识促进思维发展的能力。父母情绪智力指父母能控制自己的情绪，有效识别孩子的情绪，并给予积极引导和鼓励的能力。家庭教育指导是指相关机构和人员为家庭发挥正向教育功能而提供的支持、帮助与指引。本研究重点关注学校开展的家庭教育指导。实施主体是教师，指导对象为儿童及家长。

（二）研究目标

本研究旨在基于情绪智力形成小学家庭教育指导课程体系，并通过实施，提升学生与家长的情绪智力，促进学生快乐成长环境的形成。

（三）研究内容

基于目标，本研究主要包括情绪智力的家庭教育现状及问题研究、家庭教育指导实践目标、家庭教育指导实践内容构建、家庭教育指导实践实施与家庭教育指导实践评价。本研究将理论应用于实践，加强研究对实践的指导价值，并实施家庭教育课程，补充家长学校实现路径研究。

（四）研究对象

选取 1~3 年级学生为实验对象，采用混合实验设计，选取 6 个班级进行行动研究，实验组与对照组各 3 个班级，以是否参与小学家庭教育指导实践为自变量，以家长、学生的情绪智力为因变量开展研究。

三、整体设计研究方案

（一）研究技术路线

在课题体系前期研究中，开展问卷调查与分析，总结我校家庭教育现状。

项目组定期召开会议，明确研究内容、分工与实施方法；交流分享阅读书籍，查阅整理文献资料；反馈实施进程与效果，确保研究的推进与实施。

在课程体验实施研究阶段，专业教师面向学生开展情绪智力心理课，面向家长与学生开展情绪智力亲子课堂，通过绘本故事、心理游戏等形式促进亲子有效沟通。后期研究阶段，通过问卷调查、访谈等方式，收集家长与学生的课堂反馈与课后评价，通过定量与质性分析开展课程体系的评价。

（二）研究方法

采用行动研究法，并通过问卷调查和访谈收集资料。

（三）人员分工及职责

成立课题研究项目组，设专人为项目主持人，优选校内各岗位各学科具有一定经验和研究能力的教师加入项目组。以保证成员的组成由上到下、由内到外，全面整合各方资源，旨在更加高效地推进项目进展。

四、研究的推进与实施

（一）学校家庭教育现状及问题研究

1. 自制家庭教育问卷调研

课题组采用自制家庭教育问卷开展家长调研。共388人参与，占我校总人数（462人）的83.98%；包括54.90%男性和45.10%女性，调研样本数量充足，调研对象具有代表性。经过分析，发现家长高度重视孩子的身心健康，具备一定的教育能力，但仍需专业指导。在"孩子成长中，您最关心最在意的是什么？（最多选三项）"一题中，90.21%的家长选择"心理健康"，说明家长十分重视孩子的心理健康。在"您是否了解孩子目前阶段的心理年龄特点"问题中，

63.92% 的家长选择"比较了解"，18.81% 的家长选择"不太了解"。在"根据实际情况，您期望学校的家庭教育指导聚焦下列哪一个主题？"问题中，84.54% 的家长选择"情绪调适适应"，57.47% 的家长选择"亲子沟通"，说明大部分家长觉得自己比较了解孩子现阶段的心理年龄特点及如何教育孩子，同时家长需要专业的家庭教育指导。

2. 成熟问卷调研

（1）学生情绪智力的描述性统计结果：面向二至四年级学生发放 WLEIS 情绪智力量表（五点量表）。共发放问卷 271 份，回收有效问卷 256 份，有效回收率 94.5%。调研发现相比于情绪运用能力（3.74±1.57）和对他人情绪的识别和评估能力（3.79±1.16），学生"自我情绪管理能力"（3.08±1.22）较弱，自我情绪的评估与表达能力（3.97±0.90）较强。

（2）家长问卷的描述性统计结果：面向一至四年级 12 个班级的家长发放 WLEIS 情绪智力量表、心理健康量表、家庭教养方式量表、亲子关系质量量表。回收有效问卷 377 份。调研发现相比于自我情绪的评估与表达能力（4.01±0.76）和对他人情绪的识别和评估能力（4.01±0.76），家长"自我情绪管理能力"（3.70±0.90）有待增强。

通过调研，制定课程目标。在家长方面，课程目标为提升家长对自我情绪的识别与管理能力，识别孩子情绪的能力，积极引导和鼓励学生的能力。在学生方面，课程目标为帮助学生了解情绪的表现与功能，提升学生对自我与他人情绪的识别与管理能力。

（二）基于情绪智力的小学家庭教育指导实践内容的研究

（1）学生层面：结合数据分析与学生发展情况，课题组编写了低年级《小学生情绪智力课程教材》，教材包含概论课、认识情绪、体验情绪、调节情绪、运用情绪、总结课六个模块，概论课和总结课均为一课时，其他四个模块分别包含"快乐、伤心、愤怒、害怕"四课时。每课时包含体验小屋、心灵探索馆、心灵成长营、拓展天地四个板块。

家长层面：家长层面的实践内容包括通识内容与个性内容。通识内容包含：①问卷调研：新生与家长入学、低年级学生与家长；②亲子共适应：幼小衔接；③亲子共认识：如何更好地帮助孩子认识情绪；④亲子来识别：识别生活中的小情绪；⑤亲子共调节：和孩子一起调节情绪；⑥亲子巧沟通：如何更好地和孩子进行沟通；⑦亲子共减压：和孩子一起调节压力；⑧结合课程实施有机拓展（自我、人际关系、积极品质等），配合的学材推荐内容包含：①绘本阅读；②心理书籍推荐；③心理影片推荐；④亲子游戏推荐；⑤专家讲座与访谈。个性内容将根据具体典型案例有针对性地开设。

（三）基于情绪智力的小学家庭教育指导课程实施的研究

1.学生心理课程实施

（1）线上心理课：新型冠状病毒肺炎疫情居家学习期间学校开展线上心理课，帮助学生做好心理调适，提升沟通能力，如"居家与情共处 用'心'纳悦自己"心理课。

（2）线下心理课：充分发挥心理教师的专业优势，将教材编写与课程实施有机结合。课程实施过程中，注重学生体验，多方位评价了解实施情况。

2.家长心理课程实施

（1）亲子讲座：根据家长与学生的需求，学校开展"快乐的家"亲子讲座，帮助学生与家长了解情绪与情绪智力，提高家庭教育能力，助力和谐家庭的建立。

（2）亲子课堂：实施体验为主的线上亲子互动课堂，促进学生与家长的沟通了解，提升双方情绪认识与识别的能力，如"亲子情绪调节"课堂。

（3）学材推荐：结合小学生心理发展特点与实际需求，学校推荐"情绪智力"家庭教育学材。通过亲子游戏、亲子绘本等增加亲子良性沟通，帮助学生掌握养成良好的生活习惯。

（四）基于情绪智力的小学家庭教育指导课程评价的研究

1.定量评价

（1）学生前测及中测问卷结果：面向学生开展情绪智力水平的前中测。通过差异分析发现，实验班与平行班在情绪智力得分上不存在显著差异（t=1.266，p>0.05），问卷结果说明，实验班与平行班的情绪智力水平均有待提高，且一至三年级实验班与平行班不存在显著差异。实施情绪智力课堂部分课程后，开展学生情绪智力水平中期测试，进行差异分析发现，实验班与平行班在"情绪运用"的分维度上存在显著差异（t=2.236，p<0.05），问卷结果说明，实验班与平行班的情绪智力水平出现差异，相较于平行班，实验班"情绪运用"的水平显著提升，课程实施效果显著。

（2）家长前测及中测问卷结果：现阶段主要面向家长开展了情绪智力水平的前中测，通过差异分析发现，实验班与平行班在情绪智力上不存在显著差异（t=2.42，p>0.05），说明实验班与平行班的家长水平均衡。实施亲子情绪智力部分课程后，开展了家长情绪智力中期测试，将数据进行差异分析发现，实验班与平行班在情绪智力（t=1.774，p<0.05）上存在显著差异，在"对自己情绪的识别和评估能力"（t=2.593，p<0.05）、"自我情绪管理能力"（t=1.92，p<0.05）、"对他人情绪的识别和评估能力"（t=1.977，p<0.05）三个分维度的差值上存在显著差异，问卷结果说明，实验班与平行班的情绪智力水平出现差异，实验班情绪智力水平显著提升，尤其是"对自己情绪的识别和评估能力""自我情绪管理能力""对他人情绪的识别和评估能力"能力显著提升，可见，课程实施效果显著。

2. 家长反馈与学生作品课题实施效果

通过实施反馈的亲子作品，如绘画、文字、视频等能够看出，家长和学生对于情绪智力有了更深入的认识与理解，明确了情绪智力的重要性，能够初步调控个人情绪，提升了家长与学生的情绪智力水平，构建了和谐良好的亲子关系，从而帮助学生增加了积极情绪，提高了人际适应能力、心理韧性，从而健康快乐地成长与学习。

五、结语

本课题通过"学校—家长—学生"联动机制开展家庭教育课程体系研究与实施，提升了学生与家长的情绪智力，取得了一定的成效。未来，课题组将持续深入研究，继续调整完善研究策略与实施路径，发挥学校主导，凝聚家校合力，不断提升学生与家长的情绪智力，共育时代新人。

家校协作培养学生成长型思维模式的实践研究

谭海静（北京市石景山区古城第二小学分校）

　　思维模式是一种观念，是我们对自己所持有的想法，及我们对可能做的事情的观念的集合。20 世纪 80 年代，德韦克（Dweck）及其同事开创性地提出思维模式理论，该理论认为个体依据内在的核心信念选择不同的成就目标，从而产生相应的心理和行为倾向。具体而言，关于"能力是否可发展"这一问题，存在两种不同的核心信念：持固定性思维模式的个体认为智力和能力是与生俱来、固定不变的，他们倾向于追求表现目标，渴望获得他人的赞许和肯定。对他们而言，失败意味着缺乏能力，因此他们害怕犯错和批评，在困难面前也容易退缩、逃避甚至放弃。而持成长型思维模式的个体则认为智力和能力是不断发展的，他们倾向于追求能够提升自身能力的学习目标，把失败当作学习和提升的机会，不畏惧困难，勇于接受挑战。具体而言，这两种思维模式在面对挑战、错误、努力、他人批评和他人成功这五个关键领域时的表现有所不同（见表 1）。❶

表 1　成长型思维与固定型思维的区别

领域	成长型思维	固定型思维
对待挑战	渴望学习，接受挑战	害怕失败，避免挑战
对待错误	错误也是学习的机会	犯错代表没有能力
对待努力	努力是成功的必要途径	努力代表不够聪明
对待批评	从批评中学习	否认忽略有价值的反馈
对待他人的成功	从中学习经验	从中感受到威胁

---

❶ 梅海燕，金泠，张果，等. 基于脑科学的成长型思维培养：发展每一个学生的潜能 [J]. 中小学管理，2018（6）：4.

研究发现，思维模式会影响学生应对挫折的方式和能力，也会影响学生学习的内在动机系统。具备成长型思维的学生因为相信智力和能力可以提升，因此，他们认为努力是通向成功的途径，挑战是可以接受的，错误不一定是可爱的，但我们可以从错误中学习。反馈可以给人很多信息，学生会乐于将反馈应用到他们的学习中。学生更容易去做事情，而不害怕错误的后果。因此，具备成长型思维的学生在学习和生活中会更积极，他们能够勇敢面对困难与挫折，乐于探索，发现未知的乐趣。

家庭教育是学校教育的基础与底色，学校教育是家庭教育的升华，是学生成长的"主色调"。"双减"背景下的家校协同育人，更加需要双方各司其职，互相配合。党和国家高度重视家校社协同育人，构建家校社协同育人机制已被纳入国家发展战略规划和相关工作要求中。2021 年 10 月 23 日，《中华人民共和国家庭教育促进法》正式出台，家庭教育促进法要求，父母或者其他监护人要树立家庭是第一个课堂、家长是第一任老师的责任意识，承担实施家庭教育的主体责任，用正确的思想、方法和行为教育未成年人培养良好思想、品行和习惯。家校合作是当代教育发展的必然趋势。在这一政策背景下，开展有效的家校协作是促进学生全面发展、五育并举的关键环节。

成长型思维模式的养成不仅与学生自身有关，更与他们周围的学校、家庭等生态系统密切相关。研究表明，家长和教师对学生的评价和反馈方式是影响孩子思维模式养成的关键因素，如果家长本身没有成长型思维，那么孩子很难用发展的、积极的视角去看待自己。培养学生的成长型思维，必须开展系统的、形式多样的家校合作，借助更多、更先进的方法和渠道将学校和家庭更紧密地联系起来，以促进学生的全面发展与健康成长。因此，要想培养学生的成长型思维模式，必须进行家校协作，综合各方相关因素的支持和帮助。

一、学生方面

（一）课堂教学培养成长型思维

课堂是学生学习的主阵地。教育部《中小学心理健康教育指导纲要（2012年修订）》中指出，心理健康教育总目标包括培养学生积极乐观、健康向上的心理品质，具体目标包括使学生学会学习和生活，增强承受挫折、适应环境的能力，培养学生健全的人格和良好的个性心理品质。因此面向学生进行成长型思维心育课程的辅导，既是政策要求，又是学生的现实需要。

成长型思维心育课程包括"成长型思维""学习资源""自我管理"三个模块，每一模块下都有相应的主题和辅导内容，意在帮助学生理解成长型思维，充分挖掘学生身边的支持网络，培养学生的主动意识与自我管理能力，从而实现学生的全面可持续发展。

在《从错误中成长》一课中，教师用"大树人"和"石头人"的形象化比喻，帮助学生理解成长型思维和固定型思维对待错误的不同态度以及产生的不同结果，引导学生认识到错误并不可怕，从成长的角度看，错误也可以是学习的资源，从而帮助学生养成积极探索、勇于挑战、不怕困难的优秀品质，促进学生的自主发展和持续成长（见图1）。

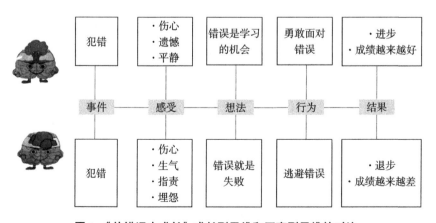

图1 《从错误中成长》成长型思维和固定型思维的对比

在《坚持才会有收获》一课中,教师通过跳绳和手指操两项简单的活动让学生切身体会坚持的过程与意义,同时引导学生思考坚持中可能遇到的困难与解决办法,再通过榜样袁隆平爷爷的故事升华坚持的意义,培养学生不怕困难,勇于坚持的成长型品质。

此外,也可以通过阅读名人传记、项目式学习等方式,帮助学生更深刻地理解努力与坚持的意义。现在的孩子生活富足,只感受到祖国的强大,却体会不到奋斗的意义。百年来,中国共产党带领中国人民攻克一个又一个难关,创造一个又一个奇迹,从无到有,从有到多,这是多么好的关于成长与奋斗的例子啊!因此在中国共产党建党一百周年之际,笔者抓住契机,与学生一起回望百年,通过阅读书籍、在网上查阅资料、采访身边优秀的共产党员等方式,感受共产党一路走来的艰辛与不易,更感受到百年来在党的带领下,中国发生的翻天覆地的巨变,感受作为中国人的光荣与自豪,也在他们心中埋下了一粒种子:现在努力做好一名优秀的少先队员,长大以后,努力成为一名优秀的共产党员,为国家和人民的利益不懈奋斗!

(二)实践活动运用成长型思维

开展丰富多彩的实践活动,可以培养学生的自主意识和实践能力,提高学生的综合素养,是对整个课程结构体系、教学方式等方面的有益补充。例如,在《换个说法,改变思维》活动中,教师和学生一起思考自己平时遇到问题时的常用语言,再想一想如果运用成长型思维,又应该怎么说,通过语言的转换进一步强化成长型思维的运用。我们也把这些语言制作成孩子喜欢的海报图片,展示在公告栏上,通过有形的氛围环境促进成长型思维的养成。

如果一张白纸上有一个黑点,你会想到什么?污渍?错误?还是想重新换一张新的纸?成长型思维认为错误也是学习的机会,所以这个黑点在成长型思维孩子的眼里,不再只是一个让人讨厌的污渍,而是拥有了无限可能。在"画说成长型思维——小黑点"活动中,它可以是正在飞升的篮球,可以是时钟的中心，可以是围棋的棋子、孩子圆溜的小脑袋、小猫乌黑的鼻子、欢快的小蝌蚪……当孩子用自己的手让小黑点发生神奇的改变之后，他们能更真切地意识到，犯错也没有那么可怕，错误是可以被弥补的，只要我们运用成长型思维去看待它，我们就会发现，成长就藏在错误之中。

有时我们伤心、难过，这种情绪久久不能散去，是因为我们把关注点放在这些伤感的事情上，而忽视那些生活中的小美好。春回大地，万物复苏，笔者也借着这个生机盎然的时刻，让同学们去发现、去记录那些能让我们感受到成长和快乐的事情。在"画说成长型思维——成长能量瓶"活动中，学生们记录了自己的快乐时刻，比如喝到了一直想喝的饮料、吃了一顿美餐、看到了美丽的花朵、和爸爸妈妈一起出去玩、得到了老师的表扬……这些简单的快乐很容易得到，也很容易被忽视。当学生有意识地去记录之后，他们发现自己原来拥有这么多的快乐能量，当他们沮丧或者不相信自己的时候，拿出这些能量瓶看一看，也许能帮助他们继续前进，这就是成长的过程和力量。

二、家长方面

（一）开展成长型思维主题家庭辅导

通过腾讯会议的方式，面向家长开展成长型思维辅导。主要向家长介绍什么是成长型思维和固定型思维、不同的思维方式会对行为产生怎样的影响、怎样做才能帮助孩子养成成长型思维。辅导后家长填写反馈表，对辅导内容进行评价，并提出自己的收获或者建议，以便于教师根据家长反馈改进辅导内容与方式。

（二）积极推送成长型思维学习资源

伴随信息技术的快速发展，各类学习资源的获取也更加便捷。教师要善于利用资源，同时也要做好甄选和鉴别工作。除了定期的讲座辅导之外，教师还积极向家长推送与成长型思维主题有关的微课、电影、书籍等资源，方便家长利用闲暇时间观看与学习。这既丰富了成长型思维主题辅导的内容和形式，同时也多角度、全方位加深了家长对成长型思维的理解，增强了辅导的实效性。

（三）加强家校沟通

良好的家校沟通是促进研究取得成效的关键。在研究实施过程中，笔者积极和班主任联系，也通过线上家访、个案沟通等方式加强家校沟通，了解家长对辅导内容、辅导形式的感受以及在实际操作过程中遇到问题和困惑，对有需要的家庭及时给予解答与帮助。也有些家长和笔者分享了他们在学习成长型思维以后家庭发生的积极改变。这些改变不仅提高了家长的信心，也是对研究的重要支持与肯定。

（四）书写成长日志

每一个孩子都如天空中闪耀的星星一般，独特而珍贵。因此，学校根据每个孩子的情况，制定"一生一案"，给每一名学生建立专属的成长档案。这本成长档案由学生、教师和家长共同填写，记录学生在学习或生活中遇到的挑战时刻、自豪时刻、困难时刻、成长时刻等。这本档案不仅是学生成长的见证，也是家校合作的见证，更是成长型思维发挥作用的体现。学生能从这本档案中感受到被接纳、支持和理解，也能发现成长型思维对自己的积极影响，从而将成长型思维内化于心，外化于行。

在家校协作中提升小学低年级课外阅读成效的实效研究

李　梦（北京市石景山区古城第二小学分校）

《义务教育语文课程标准（2022 年版）》对学生阅读能力的要求是："学会运用多种阅读方法，具有独立阅读能力。能阅读日常的书报杂志，能初步鉴赏文学作品。"对于第一学段（1~2 年级）的小学生而言，新课标提出了更具体的要求："喜欢阅读，感受阅读的乐趣。""阅读浅显的童话、寓言、故事，向往美好的情境。""诵读儿歌、儿童诗和浅近的故事，展开想象，获得初步的情感体验，感受语言的优美。""尝试阅读整本书，用自己喜欢的方式向他人介绍读过的书，养成爱护图书的习惯。"

基于《义务教育语文课程标准（2022 年版）》中关于小学生课外阅读的要求可知，让学生感受到阅读的乐趣对于培养小学生的阅读习惯是至关重要的。小学生还处于自制力比较差的阶段，如果没有教师和家长的监督，很难自己主动阅读。阅读是低年级学生学习及提升的必要手段，教师需积极与家长携手，引领学生领略文字魅力，培养良好阅读习惯。而良好阅读习惯的培养需要从一点一滴做起，既需要教师的正确引领，也需要与家长的积极配合，通过引领学生产生美妙的阅读体验以及感受，使学生健康快乐成长。

在问卷和家访等交流中了解到，部分家长更加重视学生各类技能的培养，课外班、兴趣班占用学生大量的课外时间。有些家长虽然重视课外阅读，但不得其法，尤其是经常插手学生的阅读内容，认为孩子挑选的书籍不妥当，强行要求学生阅读指定书籍，导致学生阅读兴趣下降。还有部分家庭中没有良好的阅读环境，学生无法抵挡电子产品的诱惑，忽略课外阅读。这些问题不利于学生阅读兴趣与阅读习惯的培养。所以，我们需要更加注重家校协同，共同助力营造良好的阅读环境，让孩子学会阅读、爱上阅读。

一、小学低年级学生课外阅读现状

首先，从课外阅读时间、课外阅读内容、课外阅读兴趣、家庭成员阅读习惯等方面了解到，石景山区第二小学的小学低年级学生课外阅读现状：

（1）没有固定的课外阅读时间。问卷中有超过 60% 的低年级学生没有每天固定的课外阅读时间，甚至其中 5% 的学生几乎不进行课外阅读。小学生还处于自制力比较差的阶段，如果没有教师和家长的监督，很难自己主动阅读。

（2）没有良好的课外阅读氛围。调查显示，有半数的低年级学生家中书籍在 50 本以内。半数学生能够经常与同学、老师、家长交流阅读感受。给家长的问卷中显示，有三成的家长不过问孩子的课外阅读情况、不在乎孩子是否进行课外阅读，也有 10% 的家长对孩子的课外阅读内容和阅读时间有着强烈的要求。并且有固定阅读爱好的家长只占到了 19%，不太能给孩子营造一个良好的阅读氛围。

学生的课外阅读兴趣比较浓厚。在调查中了解到，大多数学生是有很高的阅读兴趣的，尤其喜欢童话故事、探险故事、趣味百科和各类绘本。但是，学生也表示了如果书籍内容不能吸引他们的话，会选择看电视和手机。小学生的兴趣来得快，去得也快，保持时间非常短。很多学生更喜欢阅读带有图片的、篇幅较短的、色彩鲜艳的故事，而且对于图片的欣赏也是一带而过，不会去分析图片和文字之间的关系。所以，小学生的阅读面比较窄，对阅读内容的理解也比较浅薄，大多是知其然不知其所以然。

二、"双减"背景下的家校协作

"双减"政策的落地实施，对小学阶段的教育提出了更高的要求，同样也带来了新的挑战与机遇。学校要积极与家长协作，借助家庭教育以及学校教育、社会教育相融，使学校教育方式得以调整与完善，提高教育教学的水平与质量，切实让每一名小学生都能在愉悦的教育环境中快乐健康成长。培养低年段学生良好的学习习惯，必然需要教师与家长的共同努力，在这一教育过程中，教师发挥着重要的作用，需要加大宣传力度，形成与家长协作共育的意识。而家长更要充分地认识到家校协作共育对促进低年段学生养成良好学习习惯的重要作用，积极配合教师开展教学工作。学校要与家长构建双向、良性的沟通机制，使家校协作不断发挥作用，使学生养成良好的学习习惯，为学生后续的学习奠定扎实基础。

三、小学低年级课外阅读内容

课外阅读分类繁杂，内容广泛。进行课外阅读教学的第一步，就是为学生推荐适合的课外阅读书目。

兴趣是最好的老师，兴趣对学生进行学习有重要的辅助作用，在课外阅读中，兴趣也发挥着重要的作用。在教学实践中不难发现，当学生对一本书感兴趣时，不需要进行监督和催促，学生就会主动拿起书本进行阅读；反之，学生对一本书没有兴趣时，很难主动阅读，更别提在阅读中有所收获了。所以我们要结合学生的性格特点、爱好和个性化的需求，为学生选择适宜的课外阅读内容。比如性格活泼的男孩，可以推荐《父与子》《木偶奇遇记》等经典又不失趣味性的书籍；对于安静的女孩们，则可以推荐《安徒生童话》《七色花》等文字细腻的书籍；对于喜爱科学的学生，可以推荐《十万个为什么》《恐龙大百科》；对于喜欢故事的学生，则可以推荐《海底两万里》《神笔马良》《中国寓言故事》等。

课外阅读也要结合课内，与课堂教学相关联。我们结合了每册教材中的"和大人一起读""快乐读书吧"开展好书推荐和阅读交流活动，布置阅读任务，帮助学生更加有效地进行课外阅读，也搭建了同学、老师和家长交流阅读体会和收获的平台。

四、基于家校协作的小学低年级课外阅读策略

（一）利用教材"和大人一起读"板块开展亲子互动阅读

通过低年级语文教材中"和大人一起读"板块，鼓励学生与家长共同完成阅读任务，并拍摄共读小视频记录快乐的读书时光。学生和家长以问答、对读、添加手势动作等方式共同朗读"和大人一起读"中的内容，极富趣味性。在学校时老师将利用空闲时间和同学们一起欣赏他人的朗读视频。

这个活动给学生家庭设置了一个定期的家庭阅读时间，能够让学生和家长共同参与阅读活动，营造了家庭阅读的良好氛围。活动需要的时间不多，却能够增加亲子互动，影响家长重视孩子的阅读情况。

（二）每个学期和假期都有推荐书目和阅读任务

根据教育部推荐书目、语文教材、学生的心理特点以及学生的兴趣爱好，我们制定了低年级每个学期的必读书目和选读书目，并将这些书籍填充到班级图书角中，让学生可以进行借阅。在阅读过程中鼓励学生做简单的阅读记录单，留下自己阅读的痕迹。

良好的读书方法就像是在茫茫的人群中找到一条路，这对提高学生的课外阅读能力具有重要的作用。良好的阅读氛围是小学生学习的关键。在学生对读书感兴趣的时候，教师要把好的读物介绍给学生，并把正确的阅读方法传授给学生。逐步引导学生学习、默读、复读、精读和快速浏览，并学习利用图书馆、阅览室和网上获取资料，逐步掌握收集、处理资料的基本技能。但是在指导小学生的课外阅读时，教师要根据学生的年龄段和读本的特征，传授必要的读书技巧，以加快学生的阅读速度，增加学生的阅读量；促进学生将阅读与阅读相融合，思考与实践相融合；在阅读的过程中，指导学生做阅读记录、摘录、注释。在良好的阅读氛围中，那些不那么喜好看书的学生也会被这种氛围所感染。

在假期中，学生由于阅读任务，会有意识地根据老师的指导进行课外阅读，在家访和电话家访时，教师也会强化学生课外阅读的重要性，以及指导家长培养孩子的课外阅读习惯。

假期中教师也通过微信建立了读书交流群，学生家长自愿加入。在群中，学生可以分享自己的读书成果，如朗读片段、读书记录等，家长也可以进行阅读方面的经验交流，教师也会在群中进行课外阅读的指导。

一个假期之后，有近60%的家长表示，学生的课外阅读热情有了显著的提升，100%的家长都愿意在以后每个假期陪伴孩子阅读、与孩子交流阅读收获与体会。

（三）营造阅读氛围

1. 营造班级阅读氛围

利用一节班会，举行成立班级图书角的仪式，并解读借阅公约，引导学生在阅读的过程中爱护书籍。借助仪式感激发学生的阅读兴趣，课间和午休时鼓励学生借阅图书。

在学生熟悉图书角，并养成在校闲暇时进行阅读的习惯之后，进一步拓展图书角的内容。利用班会讨论，根据同学们日渐增长的阅读兴趣和阅读需求，开放权限，让学生可以把自己的图书放置在图书角供其他同学阅读，可以将图书角的图书借回家阅读等；并让学生参与讨论，完善和优化图书角借阅公约，教师在学生的想法上进行总结和改良，最终形成具有班级特色的图书角，这个图书角也凝聚着本班学生的阅读理念。

2. 营造家庭阅读氛围

指导家长在客厅或卧室一角专设一块阅读区域，摆放相应书籍，也可以设立阅读专属时间，与学生共同阅读。

（四）开展丰富多彩的阅读活动

在学期中，教师充分利用图书角培养学生的阅读兴趣和阅读习惯，并利用教材配套的"同步阅读"巩固和培养学生的阅读技能和语文素养。用小奖励的方式鼓励学生多次朗读其中的内容。

配合教材内容开展阅读活动。如学习到《雷锋叔叔，你在哪里》时开展了"讲雷锋故事"活动，在学习《坐井观天》时开展了"小小课本剧"活动等，并开展读书交流会、阅读指导课等。

另外，教师们还组织过线上读书交流会、讲故事大赛等，利用网络平台给学生交流分享、展示自己的平台。也在线上家访时，指导家长如何引导学生进行课外阅读。

五、结语

经过低年级的家校协作，我们班级的学生阅读氛围浓厚，课间经常看到学生们阅读的身影。有的独自阅读，有的三五成群，也有的互相推荐和交换书籍。今年，班级中还诞生了一位"王牌讲书人"，这也是学校和家庭共同浇灌心血的种子发芽成长的过程。

小学阶段的课外阅读不仅是帮助学生进行阅读，还要引导学生积极地进行阅读，提高阅读质量，感受阅读的快乐，让孩子学会阅读、爱上阅读。